AF452080

GENEVIÈVE

DE

BRABANT.

L'Innocence persécutée.

HISTOIRE COMPLÈTE

DE

GENEVIÈVE DE BRABANT

OU

L'INNOCENCE RECONNUE,

Augmentée de la Complainte **primitive** et **complète**
composée sur ses malheurs,

SUIVIE DES

AVENTURES D'ANGÈLE DE MONTFORT

EN PALESTINE,

Épisode de la guerre des Croisades,

Terminé par l'Histoire et la Complainte lamentable

D'ADÉLAÏDE ET FERDINAND

OU LES TROIS ANNEAUX,

Ouvrage composé d'après de nombreuses recherches et des
documents les plus authentiques,

PAR M. DE ROBVILLE.

————————

PARIS,

LE BAILLY, LIBRAIRE,

Rue Cardinale, 6, près la rue de Buci.
(Faubourg Saint-Germain.)

HISTOIRE
DE GENEVIÈVE

PRINCESSE DE BRABANT

OU L'INNOCENCE RECONNUE.

Il n'y a rien à comparer, ni chez les anciens, ni chez les modernes, ni dans la fable, ni dans l'histoire, à l'infortunée Geneviève. Donnez à la Muse épique le choix de l'invention la plus touchante et la plus merveilleuse, interrogez les traditions les plus imposantes que les âges d'héroïsme et de vertu aient laissées dans la mémoire des hommes, vous ne trouverez rien qui approche de la simple, de l'authentique vérité de ce phénomène du huitième siècle.

En France, la vie de Geneviève fait depuis deux siècles partie de la bibliothèque bleue, mais écrite en quelques endroits avec une affectation ridicule et pleine de morceaux de la simplicité la plus noble et la plus onctueuse, elle en est devenue plus populaire. Arrivant les derniers, nous devons dire à nos lecteurs où nous avons puisé nos documents pour mettre ces mots en tête de ce petit volume : *Histoire complète, etc.* La confiance nous sera acquise en disant ici que nous avons compulsé les auteurs suivants, qui ont écrit l'histoire de cette légende :

Mathias Emmich, docteur en théologie, de l'ordre des Carmes de Hiedelberg, en 1472, manusc.,

Biblioth. de Rouen ; Jean Molanus, in-8°, 1595 ; Marquard Fréher, 1613 ; Mathieu Raderus (*Bavière sainte*), in-fol., 1624 ; Aubert le Mire (*Fastes de Belgique et de Bourgogne*), in-8°, 3 vol., 1622 ; René Cerizier, de la Comp. de Jésus, 1647, et enfin, Éric Dupuis, historiographe de Philippe IV, roi d'Espagne, 1663.

Nous avouons donc, avec toute la franchise et la reconnaissance possible, que nous devons considérablement à ces savants auteurs, et que c'est sur leur canevas que nous avons refait à neuf cette histoire, en citant, lorsque besoin sera, les variantes qu'y ont faites MM. Berquin, E. de la Bédollière, Manet, prêtre de Saint-Malo, le chanoine Schmid et Mme Malès de Beaulieu, etc.

Roman ou histoire, suivant qu'on voudra l'appeler, ce livre, où tout respire la morale la plus pure et la sensibilité la plus touchante, nous a paru d'un grand intérêt. Le merveilleux même qui s'y trouve se présente avec des charmes si naïfs, si attrayants, si doux, qu'il se ferait croire aisément, quand on ne serait pas convaincu de tout ce que peut opérer d'extraordinaire, en faveur de ses amis fidèles, le Maître de toutes choses.

Vers le temps où la gloire que le grand Clovis avait acquise à la France s'obscurcissait de plus en plus, et que les descendants de ce roi courageux dégénéraient par leur indolence, dans l'une des provinces de la Gaule belgique, qui était autrefois le pays des Tongres et des Éburons, naquit une fille des princes de Brabant, à laquelle fut imposé sur les fonts baptismaux le nom de *Geneviève*.

Si je faisais un livre à plaisir, je ne manquerais pas de m'extasier sur les grâces et les qualités infuses que cette petite créature apporta avec elle en venant au monde ; mais comme c'est une histoire véritable que j'écris, je dirai tout simplement qu'excepté une physionomie des plus intéressantes, un caractère fort doux et le germe d'une piété extrêmement tendre, cette enfant n'eut rien au-dessus des enfants ordinaires, durant les sept premières années, où l'homme est condamné à ne vivre que de la vie des sens.

Ce fut au moment où sa raison commença à poindre qu'on put voir distinctement quels trésors de mérites et de vertus le ciel avait cachés dans cette âme privilégiée. Son père, Louis le Sévère, duc des Boyens, et Marie de Brabant, sa mère, l'appelaient ordinairement *leur petit ange* ; et, dans la réalité, ils ne se trompaient guère ; car elle avait le maintien, l'innocence, la pureté et la candeur de ces bienheureux esprits. D'une taille noble et élevée, d'une physionomie douce, mais fière, d'un caractère remarquable par un mélange de candeur et de force, de modestie et d'autorité qui ne s'est jamais trouvé au même degré dans aucune créature ; d'une conduite, enfin, qui fit l'admiration de toutes les personnes qui l'ont connue. Les mères ne désirent point de fille plus parfaite, les hommes n'ambitionnent pas le cœur d'une femme plus digne d'être aimée ; mais, dès l'enfance, elle semble avoir voué sa virginité à Dieu.

Vers ce temps, il arriva que Sigefroy, seigneur palatin (1), sauva la vie du duc dans une bataille. Sigefroy était un chevalier d'une haute bravoure ; son caractère et ses sentiments étaient nobles et élevés ; sa figure était distinguée. Au retour de la

---

(1) Dans les vieux romans, seigneur qui suivait Charlemagne à la guerre.

guerre, il accompagna le duc dans son palais ; celui-ci l'aimait autant que s'il eût été son fils, et lui donna sa fille pour épouse.

Il est peu de filles sages qui ne se troublent quand on leur parle d'un mari, et qui n'éprouvent une certaine répugnance à cesser d'être vierges pour commencer d'être du nombre des femmes. Geneviève sentit cette répugnance tout entière. Ce n'était pas qu'elle ne trouvât du mérite à Sigefroy et qu'elle ne le crût propre à faire le bonheur d'une épouse ; mais elle n'ignorait pas que, quand on a l'avantage d'être tout à soi, l'on perd toujours à devenir la moitié d'un autre. Le voile que la pudeur lui mit sur le front, ses soupirs, ses larmes, tout annonça le tourment intérieur auquel elle était en proie. Néanmoins, sur les remontrances et les sollicitations réitérées de ses parents, elle répondit enfin que leur volonté serait la sienne, et qu'elle espérait de Dieu qu'il lui tiendrait quelque compte du sacrifice qu'elle faisait en cela à l'obéissance.

La voilà donc où tous les désirs, excepté les siens, la portaient ; la voilà unie, croyait-elle, pour le reste de ses jours, à un époux qui avait mis en elle toutes ses complaisances ; mais, ô faible prudence humaine, que tu pénètres peu avant dans les ténèbres de l'avenir !... Pauvre Geneviève ! la Providence ne t'accorde que deux années à vivre, sinon contente, du moins au sein des plaisirs. Ton mariage, comme celui d'Ève, commence dans un paradis ; comme le sien, hélas ! il se terminera dans une affreuse solitude.

Ce serait une chose superflue de dire qu'on n'oublia rien de toutes les réjouissances qui peuvent illustrer une noce. Les danses, les ballets, les tournois, tous les exercices de la galanterie chevaleresque qui commençait d'être en usage furent les moindres magnificences de la fête. Sigefroy, d'un côté, n'épargna pas la dépense ; de l'autre, les parents de la jeune épouse déployèrent tout le faste, toute la pompe, toute la profusion qu'on pouvait attendre d'une maison puissante et souveraine. Pour Geneviève, elle fit d'abondantes aumônes aux pauvres de la contrée ; ce fut là son luxe, et quand arriva le matin où Geneviève devait partir avec son époux, les pleurs coulèrent de tous les yeux, aussi bien dans le palais ducal que dans les plus humbles chaumières ; on eût dit que chacun pressentait pour la jeune épouse de grands malheurs dans l'avenir, et qu'elle ne reverrait jamais le pays de sa naissance, ni ceux qui lui avaient donné le jour.

« Adieu donc, s'écria-t-elle en versant un tor-
« rent de larmes, adieu, parents chéris, puisqu'il
« ne m'est plus permis d'être heureuse auprès de
« vous !... O mon père ! reprit-elle après un mo-
« ment de silence, il m'eût été bien doux d'être le
« bâton de votre vieillesse... et vous, mère adorée,
« de vous rendre la récompense de vos soins vigi-
« lants ! Mais puisque le Ciel n'a point eu égard au
« vœu que formait mon cœur, je vous en conjure,
« ajoutez une dernière grâce à toutes celles dont
« vous avez comblé mon enfance ; pardonnez à vo-
« tre fille indigne toutes les fautes qu'elle a com-
« mises envers vous par malice ou par fragilité... »
En achevant ces mots, elle tomba à genoux, où elle reçut leur bénédiction et leur dernier baiser.

Ensuite, les parents de Geneviève se tournèrent vers Sigefroy et lui dirent : « Emmenez-la, nous
« vous la confions ; c'est notre trésor le plus pré-
« cieux ; elle est digne du nom que vous venez de
« lui donner. Conservez-lui votre amour, et, à

« compter de ce moment, remplacez auprès d'elle
« son père et sa mère. » Le comte Sigefroy promit tout, et s'agenouilla avec Geneviève pour recevoir leur bénédiction paternelle.

C'est une chose singulière dont on n'a encore
pu assigner la cause, que cette inclination secrète
qui lie étroitement, à leur première entrevue, des
personnes qui, jusque-là, n'avaient eu aucune relation entre elles. Geneviève, dès le premier instant de son arrivée chez les parents de son époux,
ressentit les effets de cette heureuse sympathie. Son
âme, entièrement aimante, se lia pour ainsi dire à
la leur, comme s'ils se fussent toujours connus. De
leur côté, son beau-père et sa belle-mère lui rendirent amplement le retour, et la reçurent avec
tout le respect, tous les égards et toute l'affection
que sa qualité, son mérite et sa tendresse exi-
geaient. Les fêtes recommencèrent et durèrent plusieurs semaines. Saint Hidolphe lui-même, ce digne archevêque de Trèves, qui habitait le palais
d'Offtendinck, témoigna une extrême joie de voir
son troupeau accru d'une telle brebis, et dit à Geneviève, suivant la légende : « Noble Dame, Dieu
vous a destiné un grand bonheur... mais tout autrement que nous tous ici nous ne pensons. Un jour
viendra où toutes les personnes ici présentes en re-
mercieront le ciel avec des larmes de joie. Souve-
nez-vous de ce que je vous dis actuellement, toutes
les fois qu'il vous arrivera quelque chose d'extraordinaire... Adieu ! que le Seigneur soit avec vous ! »

Le château où Sigefroy enmena Geneviève était
assis au milieu d'une plaine des plus riantes, agréa-
blement ombragé par une quantité d'arbres de toutes grandeurs et de toutes sortes, et entouré d'un
parc que traversait une rivière où se jouaient, en

tout temps, un grand nombre de cygnes. L'art, qui partout y venait au secours de la nature, faisait qu'on y goûtait encore les charmes du printemps, lorsque déjà les aquilons étaient déchaînés dans le reste de l'Allemagne. En un mot, tout son enclos ne ressemblait point mal à ces demeures enchantées, dont parlent les romanciers et les poëtes.

Suivant Freher, ce château, maintenant détruit, était situé dans le *Myeenland* ou *Meyenfeld*, petit pays dont *Meyen* était la capitale, et non loin de cette dernière et du couvent du Lac, appelé aujourd'hui Hohen-Symern (Hautes-Chambres), sur les bords de la Nelle.

Ce fut dans ce lieu plein de délices que nos deux époux commencèrent la vie la plus douce et la plus innocente que des cœurs puissent mener sur la terre. Rien ne troublait la paix de leur intérieur, et tout contribuait à leurs plaisirs. Infiniment éloignés de cette morgue dédaigneuse qui accompagne d'ordinaire les grandes fortunes et les petits esprits, Sigefroy et Geneviève ne trouvaient point de satisfaction plus réelle qu'à s'humaniser avec leurs vassaux, à accorder les procès de ces bonnes gens, à entendre le détail de leurs peines ou de leurs entreprises, à répandre sur eux toutes sortes de bienfaits et de services. Ils étaient comme les génies tutélaires de la contrée, et, autant qu'il leur était possible, tout le bien qui s'offrait à faire, c'était toujours de concert qu'ils l'opéraient. La paix et la bonne intelligence qui régnaient entre eux s'étendaient jusqu'à ceux qui composaient leur suite ; tout le monde, dans le palais, était content, parce que tout y était réglé et dans l'ordre..... Mais nous touchons au temps où la scène va bien changer.

A peine deux ans s'étaient écoulés dans ces jouissances tranquilles, que le tambour des Sarrasins vint jeter l'alarme dans le pays. Abdérame, chef de ces Maures, qui avaient passé de l'Afrique dans l'Espagne, ne promettait rien moins à son ambition que la conquête de l'Europe. La perfidie de quelques traîtres, plus encore que son courage, l'avait déjà mis en possession de toutes ces provinces qui sont au-delà des Pyrénées. La France surtout lui paraissait un friand morceau ; mais il craignait d'y trouver d'autres gens que des Goths. Pour ne pas manquer le coup qu'il méditait sur elle, il rassembla la plus formidable armée que l'Occident eût jamais vue. Ce déluge de soldats s'étendait, dit-on, depuis les monts Pyrénées jusqu'en Touraine, où le fameux Charles-Martel l'attendait avec 60,000 hommes de pied et 12,000 chevaux.

Le bruit de la bataille qui se préparait, joint à l'intérêt qu'avait tout le Nord de s'unir pour repousser l'ennemi commun, attira, sous les drapeaux de Charles, toute l'élite de la noblesse, jalouse de défendre l'honneur du nom français. Sigefroy, qui était un des plus puissants seigneurs d'Allemagne, aurait eu honte de rester endormi au sein du repos, tandis que tous les autres pensaient au salut public ; il voulut partager avec eux les dangers et la gloire de cette mémorable expédition. Malgré toutes les difficultés qu'il eut à vaincre de la part de sa bien-aimée, le désir d'être utile à sa patrie, et de conserver sa propre réputation, l'emporta : son voyage fut arrêté.

Quand le jour fixé pour son départ fut venu, il appela tous ses domestiques ; et les ayant fait souvenir de l'attachement qu'ils devaient à leur maîtresse, craignant qu'on ne profitât de son absence pour chercher à séduire Geneviève, il décida qu'elle demeurerait, pendant son absence, au château de Symern, sa maison des champs. Il consulta ses chevaliers et ses barons sur le choix de l'homme qui devait le représenter pendant son absence. Golo fut désigné d'une voix unanime, et prêta serment en qualité d'intendant général.

Une disposition spéciale de la Providence, comme on le croit pieusement, permit que Geneviève devînt enceinte la veille même du départ de Sigefroy. Le matin du jour fixé, le palatin manda auprès de lui son intendant général : « Golo, lui dit-il, je confie à ta garde mon épouse chérie ; je te laisse l'administration de tous mes domaines. Je compte sur ta fidélité. » A ces mots, soit douleur d'entendre les adieux d'un époux qu'elle chérissait plus qu'elle-même, soit crainte de demeurer sous la conduite de Golo, soit ces deux choses ensemble, à peine Sigefroy eut achevé de parler, que Geneviève, succombant à sa douleur, tomba mourante sur le sol.

Quel spectacle, pour un cœur sensible, qu'une épouse chérie en un pareil état ! Ce fut vraiment ici que le palatin eut besoin de toute sa vertu pour ne pas renoncer à son devoir en faveur de l'amour..... Après une heure d'angoisses, néanmoins, les soins administrés à propos ayant rappelé la comtesse à la vie, le comte, prêt à partir, levant les yeux au ciel, et l'embrassant avec tendresse, s'écria : « O Vierge Marie ! c'est à vous surtout que je remets le soin de veiller sur ma femme adorée, sur ma chère Geneviève ! » Puis ils s'embrassèrent en pleurant, se prodiguèrent les marques de la plus vive affection, et le palatin s'éloigna vivement, sentant qu'il ne pouvait plus retenir ses larmes plus long-temps ; piquant les flancs de son coursier, il partit en avant : chevaliers, barons, écuyers et soldats, franchirent, comme lui, le pont-levis du château, avec un cliquetis d'armes et un roulement causé par les pieds des chevaux, qui s'entendit encore longtemps au loin. Geneviève, du haut de la plus haute tour, suivit des yeux le cortège jusqu'à ce qu'elle le perdit de vue ; ensuite, elle rentra dans son appartement, et, refusant de prendre aucune nourriture, elle passa sa journée en prière.

Est-il rien de plus important pour nous que le choix des amis et des bons serviteurs ? Non, sans doute ; car l'homme est naturellement faible, et se laisse aisément entraîner. Aussi Dieu veut-il que nous les élisions entre mille, et qu'avant d'établir avec eux un commerce de confiance, nous les éprouvions longtemps. Cependant, quelle conduite tient-on d'ordinaire dans cette matière, qui est, pour nous, de la dernière conséquence ? On prend au hasard, on se livre en aveugle, on s'engage sans se connaître ; ou, ce qui est pis encore, on laisse l'homme vrai, l'homme droit, pour s'attacher à celui qui entre dans notre humeur, et qui nous flatte avec le plus d'adresse. Qu'en résulte-t-il trop souvent ? Qu'on se trompe d'une façon cruelle, et qu'on s'expose à des repentirs sans fruit. Vous en verrez bientôt un exemple terrible ; profitez-en pour votre instruction, et retournons à notre sujet.

Nous avons dit que Charles-Martel attendait Abderame en Touraine, dans une belle campagne qui semblait être un vaste champ préparé pour la victoire de ce guerrier actif et audacieux, grand politique, ministre vigilant et habile, qui soutint constamment son ambition par des succès éclatants. Ce fut-là que Sigefroy le joignit..... Dès qu'il se fut fait connaître au héros, il en reçut les distinc-

ions les plus flatteuses, et obtint, dans l'armée, un
emploi digne de sa valeur et de son nom.

Cependant, le général maure, poursuivant ses
rapides conquêtes, était entré dans la Gascogne et
autres provinces environnantes, où il avait mis tout
à feu et à sang. Auch, Agen, Périgueux, Saintes,
Bordeaux, et quantité d'autres villes étaient tom-
bées en son pouvoir, et lui avaient fourni un ample
butin..... Sa cupidité n'était pas encore satisfaite ;
il se répandit dans le Poitou, qu'il saccagea de la
même manière, après quoi il s'achemina vers Tours,
pour y piller le riche trésor de l'église de Saint-
Martin. Mais c'était là que la vengeance divine avait
marqué un terme aux progrès des Sarrasins en
France, et que l'orgueil de leur chef devait être
brisé..... Il n'est pas hors de propos que nous disions un mot du combat sanglant où ce conquérant
fameux perdit à la fois la victoire et la vie.

Charles, qui s'acquit ici le nom de *Martel*,
comme s'il se fût servi d'un marteau pour écraser
les barbares, ayant appris que l'ennemi approchait,
disposa ses gens de telle sorte qu'ils avaient la
Loire et le Cher derrière eux, et 400,000 Maures
en face. Pour obliger ses troupes à faire bonne
contenance, il ordonna aux habitants de Tours de
n'ouvrir leurs portes qu'au vainqueur ; et, pour
ôter toute espérance de fuir aux lâches, il mit, sur
les ailes de son armée, cinq à six cents de ses plus
braves cavaliers, avec commandement exprès de
couper les jarrets au premier qui abandonnerait son
rang..... L'ordre de bataille étant ainsi dressé :
« Soldats ! s'écria Martel, vous voyez devant vous
ces Sarrasins que la soif du sang et de l'or trans-
porte, ce sont autant de victimes que la Providence
nous amène, et sur lesquelles elle nous charge de

venger la religion des nombreux outrages qu'on lui a fait souffrir. Je ne vous arrêterai point à vous dire de belles paroles ; ce sont de bonnes actions et de la valeur qu'il nous faut. On vient de loin nous apporter des palmes ; c'est la querelle de Dieu que nous soutenons ; c'est sous les yeux de saint Martin, son grand serviteur, que nous allons combattre : souvenons-nous donc que nous sommes Français, et que, dans un seul Français, il doit y avoir plusieurs hommes à vaincre : *Marchons !...* » A peine eut-il achevé ces mots, que le choc se donna. La mêlée fut terrible. On combattit un jour entier, et l'on a écrit que, dans cette affreuse boucherie, les ennemis laissèrent sur la place 375,000 morts avec leur chef.

Le courage des soldats trouva sa récompense dans le pillage du camp, qui fut abandonné à leur discrétion ; mais il était juste que les princes et les seigneurs, qui s'étaient également distingué dans l'action, reçussent aussi le prix de leur vaillance... Pour reconnaître d'une manière digne d'eux les services qu'ils lui avaient rendus, Charles institua, en leur faveur, l'*Ordre de la Genette,* espèce de petite fouine d'un beau poil, de couleur noire, mouchetée de taches rouges, et d'une odeur agréable, qui nous a été apportée d'Orient. Le bijou de l'ordre était un collier d'or, à trois chaînons entrelacés de roses, au bout desquels pendait une genette au collier de France, semé de lys, qui se reposait sur un gazon vert fleuronné. Le nombre des chevaliers fut fixé à seize, parmi lesquels Sigefroy tint un des premiers rangs, comme s'étant particulièrement fait remarquer en cette belle occasion.

Le reste des Maures, qui avaient échappé à cette grande défaite, s'étant ralliés sous les drapeaux d'Aucupa, se jeta dans Avignon..... Martel, qui ne voulait pas s'en aller avec la moitié de sa gloire, résolut de poursuivre et de combattre jusqu'à extinction ce monstrueux serpent, qui, depuis plusieurs années, traînait ses replis en Europe. De son côté, notre palatin, qui venait de se lier encore plus étroitement à son général, par la décoration militaire qu'il en avait reçue, ne crut pas devoir l'abandonner dans cette nouvelle entreprise. Il se décida, au contraire, à l'accompagner partout où il lui plairait de porter ses armes. Mais, craignant avec raison que le bruit de la bataille d'où il était sorti victorieux ne plongeât Geneviève dans d'extrêmes perplexités, s'il ne lui en faisait rien dire, il dépêcha vers elle un de ses pages, qui fut chargé de lui remettre le collier de son ordre avec une lettre. *Lanfroy* (c'était le nom du messager) ne mit pas beaucoup de temps à se rendre à sa destination..... Quand il arriva au château de la comtesse, elle se promenait dans un labyrinthe des jardins, où, depuis le départ de son mari, elle avait coutume d'aller chaque jour s'abandonner à une douce mélancolie. A peine l'eut-on avertie que quelqu'un de l'armée demandait à lui parler, que la crainte d'apprendre une mauvaise nouvelle lui fit éprouver un frisson général ; elle courut toute tremblante au-devant du gentilhomme. Par malheur, ce jour là, Lanfroy était vêtu de noir, ce qui redoubla encore les appréhensions de Geneviève, et la confirma dans l'idée que son époux était mort. Cependant ayant remarqué, à la contenance du cavalier, qui, de son côté, s'avançait vers elle, qu'il apportait plutôt des paroles de joie que de tristesse, elle hâta ses pas à sa rencontre, et lui demanda, avant tout, en quel état il avait laissé Sigefroy?.....

« Rassurez-vous, madame, lui dit le jeune homme en lui faisant la révérence, voici un paquet et une épitre qui vous l'apprendront mieux que je ne pourrais le dire. »

Geneviève reçut la lettre, et s'étant éloignée tant soit peu, elle l'ouvrit avec un transport d'allégresse mêlée d'inquiétude. Elle contenait ce qui suit !

« Que ma mémoire, ma digne amie, m'a rendu un cruel service, depuis notre séparation ! Elle ne m'a pas laissé un seul instant en paix... N'allez pas croire que je veuille dire par là qu'il ne m'est plus doux de penser à ma chère Geneviève. Je veux au contraire vous donner à entendre que, quand on a un cœur fait comme le mien, on ne devrait jamais s'éloigner de l'objet qu'on aime ; car alors l'absence devient un bien rude tourment... Oui, ma tendre amie, je ne puis me souvenir du bonheur que j'ai goûté auprès de vous sans en faire de tristes comparaisons avec mon état actuel. Ma félicité passée tue toutes mes jouissances présentes. Il n'y a qu'une seule chose qui m'affecte délicieusement, c'est l'idée où je suis que ma bien-aimée paye de retour son cher Sigefroy... Je viens de réchapper d'un lieu où la mort semblait être aussi assurée qu'elle y paraissait effroyable ; mais, certes, elle ne m'a fait peur que quand je l'ai considérée comme pouvant m'arracher à une épouse que je chéris plus que je ne le peux dire. Grâce au ciel, les traits des soldats d'Abdérame ont respecté ma vie ; vous me verrez le plus tôt qu'il me sera possible, plus vif encore, plus tendre, plus aimant, s'il se pouvait, que je ne l'ai été jusqu'ici... Lanfroi vous dira tout le succès qu'ont eu nos armes, et la juste raison qui m'empêche encore pour quelque temps de vous aller rejoindre. Surtout, ma chère fille, je vous conjure de bannir toute crainte à mon sujet et de tarir vos larmes, si elles ne le sont déjà comme elles devraient l'être depuis longtemps; autrement, je ne croirai pas que vous preniez part à ma bonne fortune... Pour vous donner quelque preuve des faveurs qu'elle m'a faites, je vous envoie le présent dont il a plu au grand Charles de m'honorer; recevez-le, ma chère Geneviève, comme le gage de la bien tendre affection de votre meilleur ami.

« Sigefroy. »

Cette lettre, Geneviève la relut deux ou trois fois, en versant des larmes de tendresse, et s'arrêtant presque à chaque mot, après quoi, elle accabla de questions le messager.

Celui-ci satisfit à toute ses demandes de la manière qu'il crut la plus propre à adoucir sa peine. Mais quelque réserve qu'il mit dans les explications qu'on lui faisait faire, il ne put dissimuler que son maître, après avoir marché contre Avignon pour assiéger les Maures qui s'y étaient retirés, irait de là à Narbonne contre Anthime, qui tenait cette forte place; et peut-être encore au-devant d'Amore, autre prince sarrasin, qu'on disait venir en hâte au secours de ceux de sa nation; en un mot, que le retour de Sigefroy ne pouvait guère avoir lieu que l'année suivante.

Ces dernières paroles désolèrent la comtesse; mais, dans les maux inévitables, le seul remède qui nous reste, c'est la résignation. Quelques jours après, le gentilhomme repartit avec cette réponse :

« Celui qui m'a rendu votre lettre, mon cher Sigefroy, pourra vous dire toute la joie qu'elle m'a causée, quand j'ai appris que vous viviez encore; mais il n'y a que Dieu qui sache les vives impressions qu'elle m'a faites, quand j'y ai vu que vous alliez de nouveau vous exposer au hasard des combats... Je dois donc m'attendre à être encore misérable une année, et je n'aurai le bonheur de vous voir que quand vous aurez achevé de vaincre un hydre qui renaît sans cesse ! Hélas ! peut-être ce temps-là sera plus long que ce qui me reste de jours à vivre ! Peut-être, quand vous reviendrez au château, n'y retrouverez-vous plus votre pauvre Geneviève ! Je ne saurais vous exprimer combien de craintes assaillirent mon esprit, de combien de réflexions tristes fut navré mon cœur quand les premiers bruits de la bataille que vous avez gagnée commencèrent à se répandre : *Geneviève*, me disais-je à moi-même en promenant solitairement mes ennuis, *crois-tu que la mort ait épargné ton palatin, parmi tant de milliers d'hommes que sa fureur a moissonnés ? Non, sans doute, ton époux n'est plus, et les témoignages de tendresse que tu as omis de lui accorder, tu n'auras plus l'occasion de les lui donner en ce monde....* Cette tempête s'était dissipée, cet orage avait passé ; je me flattais de votre prochain retour ; et voilà, mon cher Sigefroy, que vous me plongez dans de nouvelles angoisses en m'apprenant que vous allez me faire courir derechef tous les risques d'être veuve ! Je conviens que la fortune vous a fait une faveur digne de votre vertu guerrière ; mais ignorez-vous donc que ses dons doivent toujours nous être suspects, et que souvent ses plus grandes caresses sont l'annonce de grands revers ? Pour moi, je vous l'avoue, je désirerais plutôt qu'elle eût laissé votre valeur sans récompense que de vous offrir, dans de nouvelles entreprises, mille nouveaux moyens de vous perdre... Je sais que c'est la cause du ciel que les Français défendent ; et que, sous ce rapport, ils doivent compter sur la protection spéciale de celui dont ils soutiennent la querelle. Je vous dirai même que s'il m'était connu que votre absence fût plus utile au service de Dieu qu'elle n'est dommageable à mon repos, je ferais céder tous mes intérêts aux siens, et que je ne voudrais pas être heureuse aux dépens de sa gloire ; mais tant qu'il ne me sera pas démontré que le Très-Haut vous appelle personnellement aux armes, la raison, la religion veulent que j'ai soin de votre conservation ; et mon amour pour vous me le commande impérieusement... Si tout ce que je vous dis n'est pas capable de vous faire changer de résolution, au moins, mon cher Sigefroy, accordez à votre Geneviève la grâce qu'elle va vous demander ; gardez-vous de votre courage, qui est le plus redoutable de tous vos ennemis ; ménagez vos jours, de peur d'exposer trois personnes à la fois à une mort assurée... C'est là la faveur que je vous prie de m'accorder au nom de notre commune amitié, et en considération de cette petite créature que je crois porter dans mon sein... Adieu, tendre époux ! mon âme, identifiée à la vôtre, continuera de vous suivre partout ; en retour, pensez quelquefois à votre fidèle et malheureuse Geneviève. »

Notre palatin était déjà au siége d'Avignon quand il reçut cette lettre. S'arrêter à décrire le plaisir qu'elle lui causa, ce serait avoir l'air de chercher des matières, et nous en avons une des plus intéressantes sous la main. Passons donc à la plus lâche, à la plus infâme, à la plus cruelle trahison qui puisse tomber dans l'esprit d'un serviteur.

Golo, à qui Sigefroy avait donné une autorité sans bornes dans sa maison, avait toujours traité

Geneviève avec les égards qu'il devait à son rang et à sa vertu pendant tout le temps que le comte avait demeuré avec elle. Mais que le cœur de l'homme a de replis, et qu'il est difficile à tout autre qu'à Dieu d'en sonder la malice! Geneviève était bien éloignée d'être une femme de Putiphar; mais qu'il s'en fallait aussi que Golo fût un Joseph!... Soit qu'il eût adroitement caché son jeu jusque-là, soit qu'alors, pour la première fois, le démon de la luxure entrât dans son âme, cet abominable intendant osa porter sur sa haute maîtresse un regard adultère... La réflexion, qui ne lui laissait entrevoir, pour prix de sa témérité, qu'un refus et des reproches, combattit d'abord ses désirs; la crainte de hasarder sa fortune le rendait plus circonspect encore; mais, à la fin, il prit courage, et résolut de découvrir ouvertement sa passion à celle qui en était la cause innocente. Voici l'occasion qu'il jugea favorable à l'exécution de son honteux projet. La comtesse avait arrêté un peintre pour travailler aux galeries de son palais. Entre les divers ouvrages qu'il fit, le portrait de Geneviève n'était pas un des moindres. Un jour que la princesse le considérait, elle appela Golo, et lui demanda son sentiment sur cette peinture : « Vraiment, madame, répondit ce misérable, qui se voyait assez éloigné des autres domestiques pour n'en pas être entendu, si jamais coup de pinceau a été bien tiré, c'est celui ci! La copie est aussi belle qu'elle pouvait l'être, et l'on ne saurait guère la regarder sans se sentir amoureux... » En parlant ainsi, il avait la vue fixe sur Geneviève; son cœur battait avec violence, et ses paroles mal articulées exprimaient, à ne pouvoir s'y méprendre, le désordre qui régnait dans son âme. Notre héroïne s'en aperçut bien;

néanmoins, la crainte de paraître trop clairvoyante lui fit dissimuler qu'elle entrevoyait sa malice. « Grand merci du compliment, Golo ! lui dit elle, c'était la vérité que je vous demandais, plutôt qu'un éloge, » et elle lui tourna le dos pour examiner un autre tableau. Golo, croyant que son discours et son ton n'étaient ni assez clairs ni assez expressifs, acheva fort mal ce qu'il avait assez bien commencé : « Mais, madame, continua t-il, si votre simple portrait donne de l'amour à ceux qui vous doivent du respect, ne pardonneriez-vous pas à une personne qui voudrait adorer le prototype vivant que représente cette image morte ? — C'est là s'exprimer en termes choisis, repartit ironiquement la comtesse, et je vois que vous avez fait quelque peu de rhétorique. Vous m'aimez donc, Golo?... » Je laisse à penser si notre intendant avait en ce moment la tête dans les étoiles. « Oui, madame, reprit-il avec une audace effrontée, oui, vos attraits ont vaincu ma constance, et la fidélité que je vous dois cède aux impressions que votre beauté a fait naître dans mon cœur!... Serait-il possible, poursuivit il avec un air encore plus passionné, serait-il possible, ravissante Geneviève, que vos sentiments à vous-mêmes ne s'accordassent pas avec mes affections, et que la réponse que j'attends de vous ne favorisât pas mes desseins ? »

Geneviève fut saisie de cette impudente déclaration. « Comment, misérable serviteur, dit-elle, est-ce ainsi que vous répondez à la confiance dont vous a honoré votre maître? Eh ! qu'est-ce qui a donc pu, dans ma conduite, vous donner sujet d'augurer si mal de ma vertu? La dissimulation avec laquelle j'ai écouté votre première proposition n'était -elle pas un avertissement secret que je vous donnais pour ménager encore votre amour-propre, et vous corriger sans vous faire rougir ?... Allez, homme immonde, et gardez-vous bien de me tenir jamais de semblables discours, si vous êtes aussi jaloux de conserver votre emploi dans ma maison, que vous avez été peu soigneux de demeurer dans votre devoir. » L'indignation l'empêcha d'en dire davantage.

Si Golo eût eu moins de passion, cette réprimande énergique aurait dû l'en guérir pour toujours ; au contraire, de ce moment il lui voua une haine implacable ; il eut recours à la ruse, fabriqua de fausses lettres, se présenta à la palatine, et lui dit : « Voici, madame, des lettres qui me sont adressées et que je vous communiquerai si vous le désirez.

— Lisez-les, » répondit-elle ; et il lut une dépêche par laquelle on lui annonçait que Sigefroy avait péri sur mer avec tous les siens. La palatine se retira dans sa chambre les yeux baignés de larmes amères, et elle implora la Vierge en disant : « O sainte mère de Dieu, mon unique refuge, daignez jeter un regard sur moi, car le désespoir m'accable ! » Bientôt, l'excès de son affliction épuisa ses forces ; elle s'endormit et eut un songe dans lequel la Vierge, lui apparaissant au milieu d'une lumière éclatante, lui disait : « Console-toi, ma fille, ton époux est vivant, mais plusieurs de ses compagnons sont morts en paix. »

Rassurée par cette vision, la palatine se réveilla et demanda à manger. Golo fit mêler aux aliments qu'il lui présenta des substances propres à lui troubler la raison, et crut pouvoir redoubler avec plus de succès ses coupables instances. « Madame, lui dit-il, comme vous avez pu le voir par les dépêches que j'ai reçues, notre seigneur et maître est mort.

Moi-même, je suis veuf; la maison tout entiere est soumise à mon autorité; rien ne s'oppose à ce que vous m'acceptiez pour époux. »

Forte de l'assistance divine, la princesse répondit à ces sollicitations par un énergique refus. « Mais ne voyez-vous donc pas que je vous aime, » exclama Golo en tombant aux genoux de Geneviève.

« Ah !... fit la chaste colombe en portant sa main à son cœur et en reculant avec dédain. — Soyez à moi, murmura Golo en marchant sur ses genoux pour arriver à elle, tout l'amour qu'un homme peut donner, madame, je le sens dans mon cœur qui déborde, que je voudrais avoir toutes les splendeurs du monde pour vous en offrir le partage ; toutes les jouisances du ciel, vous les trouveriez sur cette terre... Parlez-moi !... M'entendez-vous?... C'est un amant qui supplie... »

Geneviève ne voyait plus, n'entendait plus et respirait à peine ; elle s'était appuyée à un meuble pour ne pas tomber, et demeurait là , immobile comme une statue, la tête penchée et les yeux pleins de larmes. Golo, encouragé par ce silence, mit ces larmes qu'il voyait couler et cette prostration douloureuse de la palatine sur le compte d'une émotion que devait naturellement produire sur une nature si accomplie cette expansion aussi fougueuse qu'inattendue, et continua :

« Ah ! madame, un seul mot d'espoir, ou j'expire à vos pieds, »

Geneviève garda son immobilité de statue, et ses larmes continuèrent à couler. « Ah ! s'écria-t-elle enfin en éclatant en sanglots, quelle infamie !... quel outrage ! »

Et, d'un mouvement rapide comme la pensée, elle s'élança vers la porte,

« Madame ! supplia Golo, regardez-moi... je suis à vos pieds...

— Je regarde, répondit-elle avec une énergie dont on ne l'eût plus supposée capable ; je regarde, mais je ne vois plus en vous qu'un serviteur indigne avec toutes ses passions et toutes ses faiblesses. La grandeur de l'homme d'honneur est tombée. » Et elle voulut ouvrir la porte pour fuir, mais la porte résista.

— Ouvrez-moi cette porte ! murmura-t-elle avec une angoisse inexprimable ; ouvrez-moi cette porte !. ...

— Un mot, rien qu'un mot, madame ; elle est gardée par mon ordre, dit Golo en se relevant.

— Oh ! le lâche ! s'écria Geneviève, qui ose insulter une femme seule et sans soutien, pour servir sa coupable passion !..... Ouvrez cette porte, vous dis-je !

— Ecoutez, madame, éluda-t-il froidement en s'efforçant de lui prendre la main ; au delà des supplications de l'homme, il y a la volonté d'un outragé..... du gardien de ces lieux !.....

— Oseriez-vous bien invoquer ce titre pour déshonorer une femme ! celle de votre maître ! demanda-t-elle exaspérée.

— Je l'ose, répondit Golo, puisque vous rebutez mon amour ; réfléchissez. Il faut m'appartenir, si vous voulez que cette porte s'ouvre.

Mais la palatine avait compris tout ce qu'il pouvait y avoir de dangers pour elle à demeurer plus longtemps à la merci d'un pareil misérable, et, parcourant la pièce d'un regard rapide, qui s'arrêta sur la fenêtre, elle s'élança le poing levé, en frappa trois fois les vitres, qui volèrent en éclats, et s'écria de toute la force de son âme :

— Au secours ! au secours !

Elle se retourna aussitôt comme redoutant une nouvelle attaque de son misérable agresseur..... Elle était seule ; Golo avait pris la fuite ; personne n'accourut à son appel. La palatine courut s'enfermer dans son appartement pour se livrer tout entière à sa douleur.

Golo se voyant frustré dans ses espérances, et craignant le juste ressentiment de la comtesse, ne songea plus qu'à s'en venger. Geneviève écrivit à son époux, lui peignit Golo tel qu'il était, et le supplia instamment d'éloigner d'elle cet homme infâme.

Il y avait, au château, un cuisinier nommé *Draco*, d'autres disent *Drogan*, qui, par sa vertu, avait gagné les bonnes grâces de la comtesse ; mais qui, comme il arrive presque toujours en semblable circonstance, s'était par cela même attiré la haine des autres domestiques. Cette classe malheureuse, où l'on devrait s'entr'aider avec plaisir à porter le joug commun, et alléger, par des complaisances réciproques, les peines attachées à l'état de servitude, est précisément celle où, en général, on s'aime le moins. Quand on est résolu surtout à ne pas s'écarter de l'ordre, et à acquitter sa conscience, on est assuré d'y déplaire bientôt à ceux qui ne se piquent pas d'une pareille régularité..... C'était le cas où s'était mis le pauvre Draco ; il était le bouc émissaire qu'on chargeait de tout le mal qui se faisait dans la maison.

Honnête homme, n'ayant en vue que les intérêts de ses maîtres, il s'opposait autant qu'il le pouvait aux infâmes projets de Golo. Il se chargea de faire expédier secrètement à Sigefroy la lettre de la comtesse par un homme de confiance ; mais le rusé

Golo avait eu vent de ce projet. Dans le moment où un jour, de grand matin, Geneviève étant dans sa chambre, remettait à Draco le lettre destinée pour son époux, Golo entra précipitamment, l'épée à la main, tua Draco, et se mit à pousser des cris horribles. Tous les habitants du château accoururent, virent la comtesse pâle, muette d'effroi, tombée sur son siége, et, à ses pieds, Draco, nageant dans son sang. Golo profita de cet instant de terreur générale pour avancer contre la vertueuse Geneviève des calomnies si atroces, que tout le monde en rougit. Ensuite, il écrivit au comte, lui répéta les mêmes mensonges, et, en attendant l'effet de ce faux rapport, il enferma Geneviève dans la plus forte tour du château, et lui enleva toutes les suivantes et les caméristes qui la servaient.

Les historiens de cette légende ne sont pas d'accord sur ce point. Réné de Cériziers raconte que Golo se contenta d'abord de faire enfermer Draco dans un des souterrains du château, où, plus tard, par ordre du comte, il l'empoisonna.

En vain Geneviève voulut résister à l'ordre du monstre ; elle crut devoir employer contre lui l'autorité, et commanda à ses gens de mettre ce brutal à la raison..... Hélas ! cet acte de vigueur venait trop tard ! La crainte qu'inspirait ce misérable avait eu le temps de préoccuper les esprits, et la calomnie de faire son effet.

Tout fut sourd autour de Geneviève ; nul n'écouta ses plaintes, ni ne parut touché de sa misère. On la prend, malgré ses résistances ; on la lie comme une criminelle, et on la conduit, ainsi que nous l'avons dit plus haut, dans une tour séparée du château.

Une secousse aussi vive, aussi brusque, était bien capable de faire mourir une femme délicate, et enceinte déjà de plusieurs mois, si Dieu n'en eût pris un soin tout particulier ; mais la Providence, qui avait destiné Geneviève à donner au monde un grand exemple, la préserva de tout accident.

Quand ses bourreaux se furent retirés, et qu'elle se vit seule sous ces voûtes silencieuses, sa première action fut de se prosterner, la face contre terre : « Hélas ! mon Dieu, s'écria-t-elle dans cette posture humiliée, que vous ai-je donc fait pour devenir le sujet d'un tel opprobre et de tant de douleurs ? Les petits services que je m'efforçais de vous rendre devaient-ils donc aboutir à une telle catastrophe ? Et pouvez-vous voir, sans en tirer vengeance, l'injure atroce qu'on fait, en ma personne, à votre souveraine justice ? Mon Dieu ! si le peu de bien que j'ai voulu faire n'est devant vous d'aucun mérite, n'aviez-vous pas, pour punir mes défauts, des châtiments moins honteux ? Si la perte de mes richesses et des commodités de la vie n'eut point suffi pour mettre ma patience à l'épreuve, ou pour châtier les révoltes de mon cœur, les infirmités, les maladies, la mort de mes parents, la mienne propre, j'aurais consenti volontiers à souffrir tout cela plutôt que de voir mon honneur compromis d'une manière si étrange !... Mais où m'emporte l'égarement de mes pensées et l'excès de mes peines ? M'appartient-il de donner des leçons à celui qui instruit les sages, et d'accuser les voies d'une Providence qui, dans tout ce qu'elle fait, n'agit qu'avec justice ! Pardonne ! ô mon Père ! pardonne à ta pauvre Geneviève des sentiments qui t'outragent, et que mon âme rendue à elle-même désavoue ! Frappe encore plus fort si tu le juges utile à ta gloire et à mon salut. Je ne te demande qu'une seule grâce, c'est que l'innocent que je porte en mon sein ne soit point opprimé sous ma ruine. Pourvu qu'il voie la lumière du jour, et qu'il reçoive la grâce du saint baptême, je serai contente de passer, s'il le faut, tout le reste de mes jours dans les ténèbres de cette prison. Je consens que la malice humaine me charge de coups, pourvu qu'il n'en tombe aucun sur lui ; qu'on me calomnie, pourvu que le blâme ne lui en demeure point ; qu'on me fasse périr, en un mot, pourvu qu'il vive. J'espère de ta miséricorde qu'un jour on reconnaîtra que sa mère fut misérable, mais innocente ; affligée, mais sans péché ; déshonorée, mais sans crime ; condamnée, mais sans justice. Mes cendres n'en recevront pas de satisfaction, il est vrai, mais l'esprit qui m'anime, et qui vivra tout entier dans ton sein, en tressaillira de joie. Alors je te bénirai, mon Dieu ! je te remercierai des épreuves par où tu permets qu'on me fasse passer, comme je m'y soumets dès à présent de toute la plénitude de mon cœur ! »

Ayant dit ces paroles, elle se releva consolée.

Il faudrait avoir l'âme vive, brûlante et sensible comme la sienne, pour se faire une idée juste de tout ce qu'elle eut à souffrir dans ce lieu d'horreur : Golo était le dragon qui s'était chargé de la garde de ce trésor, c'est tout dire.

Ce malheureux, malgré la violence de ses procédés et l'inutilité de ses tentatives précédentes, n'avait pas encore perdu l'espoir de séduire sa victime, tant la passion, quand elle est une fois exaltée, égare l'esprit et renverse le sens ! Dans cette vue, il allait de temps en temps troubler la solitude de Geneviève, et renouveler contre elle ses infâmes attaques. Mais s'il a jusqu'ici trouvé de la résistance à ses desseins, il y rencontrera maintenant l'impossibilité. La comtesse ne dissimule plus ; sa douceur s'est tournée en une juste indignation. S'il prétend la gagner par flatterie, elle ne répond à ses agaceries brutales que par de froids dédains ; s'il lui fait des promesses, elle les méprise avec fierté ; s'il veut l'approcher, elle le fuit avec horreur ; s'il la touche, elle menace d'appeler au secours. « Perfide, lui disait-elle, ne te suffit-il pas de m'avoir rendue misérable, sans vouloir encore me rendre adultère ? Jusqu'ici je ne t'avais regardé que comme un méchant homme · aujourd'hui je te redoute comme un mauvais démon. Achève, tyran farouche, achève ! la chasteté a ses martyrs ; je ne refuse pas d'en grossir le nombre ; mais d'attendre que je te permette jamais autre chose que de me tuer, c'est perdre ton temps et tes peines.

Voyant que sa maîtresse avait trop de vertu pour pécher, ce forcené mit en jeu une autre batterie ; il eut recours à sa propre nourrice, la femme la plus digne de son temps d'avoir allaité un tel scélérat.... C'était du ministère de cette abominable créature qu'il se servait, pour porter la nourriture à la prisonnière ; elle seule, à son défaut, avait le privilége d'entrer dans la tour. Il la prie donc, il la conjure de lui gagner le cœur de la comtesse, et d'employer pour cela tous les moyens dont elle pourra s'aviser, l'assurant, du reste, qu'un tel service sera réputé par lui au-dessus de toute récompense.... Ses intérêts ne pouvaient être sous meilleure garde : ni menace, ni flatterie, ni douceur, ni cruauté, ni violence, ni finesse, rien ne put ébranler sa constance, ni faire la moindre brèche à sa vertu.

Pendant toutes ces menées, le terme de la grossesse de Geneviève arriva.... Pourrai-je dire qu'une princesse fut contrainte d'être elle-même sa sage-femme, et qu'en cette extrémité où les bêtes ont besoin d'assistance, l'épouse d'un palatin fut abandonnée de tout secours? Elle mit au monde un fils d'une beauté accomplie. Personne n'osa l'assister durant ses couches et elle n'eut pour garde que la vieille mégère qui agissant sous la direction de Golo, s'ingéniait à la tourmenter.

Craignant ensuite que les incommodités du lieu, et les privations qu'elle éprouvait de toutes choses nécessaires à son état ne fissent mourir son fils hors de la grâce de Dieu, elle le baptisa elle-même et lui donna le nom de *Bénoni-Tristan*, c'est-à-dire *enfant chéri de la douleur* (1) : après quoi, elle l'enveloppa dans de vieilles serviettes qu'on avait laissées là par mégarde.

Dans cet état de détresse, un messager de son mari vint au château porteur de dépêches, que Golo se trouva contraint de lui communiquer; il lui ouvrit la porte du cachot de Geneviève, le messager lui dit : « Le palatin notre maître est sauvé, mais il a perdu la plupart des hommes de sa suite. »

La comtesse aussitôt lui demanda : « Où est mon époux ? »

Et l'envoyé répondit : « à Strasbourg. »

Il serait impossible de peindre la joie de Geneviève qui crut être arrivée au terme de ses souffrances. Elle eut l'imprudence de répéter à Golo ce qu'elle venait d'apprendre, et le chevalier félon, interdit, craignant le juste ressentiment de son maître, se retira tout en désordre, et il gémissait et pleurait, en s'écriant : « Que vais-je devenir ? comment faire ? je suis perdu ! »

(1) Le chanoine Schmidt l'appelle *Dolor*, d'autres *Dolorosus*.

Ici, suivant Mathias Emmich, traduit par M. de
La Bédollière se présente le deuxième acte de cette
affreuse tragédie ; sur la colline que dominait le
château de Symern, demeurait une veille femme
qui passait pour sorcière dans le pays ; témoin de
sa douleur, elle se rendit auprès de lui : « Qu'avez-
vous, messire ? lui dit-elle ; quelle est la cause
de vos ennuis ? Faites-la-moi connaître avec confiance, et si vous suivez mes avis, vous serez bientôt
délivré du danger qui peut vous menacer. — Ne
sais-tu pas, répliqua Golo, quelle a été ma conduite envers la palatine, notre suzeraine ? Aujour-
d'hui que son époux est de retour, je puis m'attendre à périr dans les supplices. Imagine un
moyen de m'y soustraire, et si tu le trouves, je
reconnaîtrai dignement tes services.

— Ecoute-moi donc, dit la vieille, notre suzerain
a un enfant ; mais qui sait si ce n'est pas le fruit d'un
amour adultère ?...

Et elle s'assit, et calculant le temps qui s'était
écoulé entre le départ de Sigefroy et les couches de
la comtesse, elle reconnut l'époque précise de la
conception, « Qui peut, reprit-elle, affirmer le fait
avec exactitude ? Allez hardiment à la rencontre du
palatin, notre sire, et déclarez-lui que sa femme a
eu pour amant un vil subalterne, un cuisinier de la
maison dont vous avez fait justice. Il la punira de
mort, et vous serez sauvé. »

La chose pouvait être compréhensible, sans doute,
aussi Golo approuva-t-il cet odieux conseil ; il partit pour se rendre auprès du palatin et accuser la
princesse d'adultère, car, pour mettre la princesse
en suspicion, il allait alléguer qu'elle était accouchée le dixième mois après son départ.... Le fait,
cependant, pouvait arriver sans que Geneviève en fût

plus criminelle, puisque la médecine et l'expérience enseignent que les femmes peuvent porter leur fruit bien au-delà du terme ordinaire; mille exemples pour un se trouvent consignés dans la *Bibliothèque choisie de médecine*, par M. Planque. Néanmoins, parce que ces sortes d'événements sont hors de l'ordre commun, Sigefroy crut facilement que cela n'avait pu se faire sans que son épouse eût donné atteinte à son devoir.... Tout ce qu'il aurait pu prendre pour des preuves de l'innocence de Geneviève, il en fit alors des conjectures de sa confusion : sa retenue n'était plus qu'afféterie, sa modestie qu'astuce, sa dévotion que feintise, ses vertus que des vices déguisés; il se répandit donc en plaintes et en gémissements. « Sainte Vierge, disait-il, je vous avais confié ma femme, pourquoi donc avez-vous permis qu'elle se déshonorât? Quel parti prendre maintenant? O mon Dieu, créateur de toutes choses, faites que la terre s'entr'ouvre et m'engloutisse! car je préfère la mort à la honte d'habiter avec des infâmes! »

Le malheureux Sigefroy louait par entr'acte la conduite de son intendant; puis, revenant sur les particularités de son récit, il laissait, malgré lui, percer quelque défiance : tant et si bien, qu'à la fin Golo craignant d'être surpris dans ses réponses, jugea à propos de ne pas pousser plus loin ses explications.... Cependant, pour ne pas mettre à nu son propre témoignage, et voulant s'étayer d'une autorité digne d'aller de pair avec la sienne : « Monsieur, dit-il à son maître, je ne crois pas que vous doutiez d'une fidélité dont je suis prêt à vous donner des preuves aux dépens même de ma vie, non plus que de ma sincérité qui vous est connue depuis longtemps; mais, quoi qu'il en puisse être,

e serais bien aise que vous vous fissiez instruire du
ond de cette mauvaise affaire par quelque autre que
ar moi. On m'a dit qu'il y a ici près une femme
ort savante dans l'art de deviner; si vous m'en
royez, ce sera de sa bouche que vous irez appren-
re, en détail, les criminelles relations de votre in-
igne épouse. »

Le palatin, bouillonnant de colère, n'était plus
apable de réfléxion. Naturellement crédule, d'ail-
eurs, il donna dans le panneau tête baissée ; et dès
e soir même, accompagné de son seul confident, il
e coula dans l'antre de la sorcière, qu'il conjura de
ui faire voir tout ce qui s'était passé durant son
bsence.

La fausse vieille, qui voulait accroître son désir
ar un refus, feignit d'abord de trouver de la diffi-
ulté à la chose. Elle représenta au comte que l'igno-
ance de ce qu'il désirait savoir lui était infiniment
lus avantageuse que la connaissance qu'il souhaitait
'acquérir ne lui pourrait être utile ; et qu'un mal-
eur n'est jamais entier tandis qu'il reste caché. Elle
légua quelques autres raisons vagues, qui n'étaient
onnes qu'à donner à Sigefroy plus d'envie d'être
ompé et malheureusement il y était déjà trop
orté de lui-même. Enfin, quand elle le vit résolu
tout, elle le prit par la main et le mena dans une
tite cave voûtée, où rien ne donnait de lumière
e deux grosses chandelles de suif vert.... Après
oir tracé deux ronds avec une baguette, et mis le
mte dans l'un et Golo dans l'autre ; elle jeta un
iroir dans un vase plein d'eau , sur lequel elle
urmura certains mots magiques, dont l'horreur
isait dresser les cheveux. Cela fait, elle tourna
ois fois à reculons proche du seau, et souffla au-
ut de fois dessus. Lorsque les mouvements de l'eau

furent arrêtés, le palatin s'approcha par ordre de la sibylle, et jeta à trois reprises différentes les yeux sur le miroir. La première fois, il aperçut sa femme, qui parlait au cuisinier avec un visage riant et plein de douceur. La seconde fois, il vit Geneviève qui passait nonchalamment ses doigts entre les cheveux de Drogan, et qui le flattait avec beaucoup de mignardise. Mais la troisième fois, il vit des privautés absolument incompatibles avec la modestie.

Je laisse à penser quel surcroît de fureur il remportat de cette espèce d'enfer ! Imprécations, menaces, projets sinistres, tout allait se culbutant pêle-mêle dans sa bouche et dans son cœur. Dans ce délire confus de toutes les puissances de son âme, il n'y eut point de torture imaginable qu'il n'appelât à la vengeance de son honneur outragé.

Les anciens croyaient que, quand un éléphant était en furie, il suffisait, pour l'apaiser, de lui mettre un agneau sous les yeux, et qu'à l'aspect de cet animal plein de douceur, l'énorme bête reprenait aussitôt sa tranquillité ordinaire... Golo, craignant apparemment que la vue de Geneviève ne produisît un effet à peu près pareil sur l'esprit de son maître, fit tout ce qu'il put pour que cette intéressante victime ne se présentât pas devant lui. Il remontra surtout au comte qu'en voulant punir le crime de sa femme, il importait beaucoup qu'il ne le divulguât pas ; que sa colère, toute juste qu'elle était, trouverait néanmoins des censeurs, s'il agissait par lui-même en ceci ; qu'il valait mieux , en un mot , donner commission à quelqu'un de s'en défaire doucement, tandis qu'il se rendrait à petites journées en sa maison.

Ce conseil, donné par la scélératesse la plus consommée, fut accueilli du palatin avec beaucoup de louanges, et comme il ne connaissait personne plus affidé que celui qui en était l'auteur, il chargea Golo lui-même d'aller l'exécuter au plus vite.

De retour au logis, le perfide intendant crut ne pouvoir se dispenser de révéler tout le mystère à sa nourrice, avec défense toutefois d'en rien communiquer à qui que ce fût ; mais la Providence permit que cette femme ne fût pas plus discrète que beaucoup d'autres, qui d'ordinaire n'ont de réserve que sur les choses qu'elles ignorent. A peine sut-elle ce secret de Golo, qu'elle confia à Bertha, sa propre fille, jeune personne qui, pour avoir une méchante mère, n'était pas sans quelques qualités louables, et qui, ce jour-là par extraordinaire, fut chargée de porter la nourriture de la malheureuse captive.

La comtesse s'étant aperçue que cette bonne fille pleurait, lui demanda le sujet de ses larmes. « Ah ! madame (répondit-elle en redoublant ses pleurs), je vous aime, madame, vous qui m'avez fait tant de bien durant ma dernière maladie, et je voudrais vous prouver ma reconnaissance ; mais, hélas ! je viens vous apporter une affreuse nouvelle. Votre mort est résolue pour cette nuit même. Le comte l'ordonne ainsi, car il vous croit réellement criminelle sur la foi de Golo. Ce monstre a un ordre de vous faire trancher la tête. J'en suis sûre. J'ai entendu Golo donner les ordres aux bourreaux !... — Eh bien ! ma chère enfant (reprit tranquillement la comtesse), vous et moi avons occasion de nous réjouir ; car il y a longtemps que je demande à Dieu cette faveur... Mais que deviendra mon pauvre enfant ?..... — Madame, il doit mourir avec vous !..... ... Le comte ne veut pas le reconnaître pour son fils !... » A cette parole, Geneviève fut vivement effrayée : pendant longtemps son effroi ne lui per

mit point de prononcer une parole. Enfin elle dit :
« Bertha, mon enfant, puisque ton cœur te porte à
rechercher le moyen de m'être utile, apporte-moi
de la lumière, de l'encre, du papier et des plumes. »
La jeune fille le fit, et Geneviève commença à
écrire. Mais comme dans ce cachot il n'y avait ni
chaise, ni table, elle écrivit étendue sur le carreau.
Ce ne fut pas sans répandre un torrent de larmes
que Geneviève parvint à écrire quelques mots à son
époux ; elle remit son billet à sa jeune confidente,
qui fut porté par elle dans le même cabinet d'où
elle avait tiré le papier. C'était celui de Sigefroy.

Geneviève portait encore le riche collier qui avait
été sa parure de noce, et qui valait plusieurs milliers de florins d'or ; elle le détacha de son cou, et le
remit à Bertha, en lui disant de l'accepter en reconnaissance du service qu'elle venait de lui rendre.

Dès le lendemain, au point du jour, Golo appela
deux de ses affidés, leur commanda de conduire la
comtesse et son enfant dans un bois qui était à une
grande distance du château, de les tuer et de jeter
leurs corps dans la rivière. Il leur déclara, au reste,
que c'était la volonté de leur maître : et, pour avoir
quelque marque certaine de leur obéissance, il leur
enjoignit de lui apporter la langue (d'autres disent
les yeux) de cette méchante femme (c'est le nom
qu'il donnait à Geneviève.)

Cet ordre, tout atroce qu'il était, n'éprouva point
de résistance de la part de ses deux satellites. On
va donc dans la tour ; on dépouille la pauvre captive de ses habits ; on la revêt de vieux haillons, et
dans ce pitoyable état, on l'entraîne vers le lieu du
supplice, portant entre ses bras son cher et malheureux Benoni... « Adieu (s'écria-t-elle alors avec attendrissement, en se tournant vers la maison où elle

avait souffert tant de cruautés), adieu, triste séjour de mes peines ! Puisque le ciel veut que je meure, ah ! c'est bien, c'est bien en le bénissant que j'abandonne une si triste vie ! Le monstre..., mais ne le maudissons pas, et conservons jusqu'à la fin des sentiments dignes de mon innocence et de ma vertu ! Adieu, malheureux et trop crédule Sigefroy, adieu pour jamais ! »

Pendant que Geneviève se plaignait ainsi, un torrent de larmes mouillait ses joues et son sein, et l'on avançait toujours vers la forêt où devait se faire son sacrifice

Lorsqu'on y fut arrivé, la malheureuse mère, voyant qu'un des ministres de cette barbare exécution levait déjà le coutelas pour égorger le petit Benoni, se jeta aux genoux de ses assassins et leur demanda comme une grâce de mourir la première.

Cette posture, ces paroles et le ton dont elles furent prononcées, produisirent un effet aussi surprenant que subit sur ces deux valets, dont l'âme n'était pas encore entièrement de bronze : « Camarade « (dit l'un d'eux), pourquoi définitivement tremperions-nous les mains dans le sang de notre maî- « tresse ? Laissons vivre celle à qui nous n'avons « rien vu faire qui soit digne d'une si cruelle mort. « Sa modestie et sa douceur sont une preuve infail- « lible qu'elle n'est pas coupable de ce qu'on lui « impute. Peut-être un jour viendra qui mettra sa « vertu en évidence : dans cette supposition, nous « n'aurions pas à nous reprocher d'avoir lâchement « fait périr l'innocence, et notre fortune pourrait « en devenir meilleure... » Cet avis ayant été approuvé de l'autre serviteur, ils commandèrent à leur pauvre maîtresse de s'écarter si avant dans la forêt,

que Sigefroy ne pût jamais en avoir de nouvelles :
ce qu'elle leur promit.

Il était facile de se cacher dans un bois qui semblait n'avoir été fait que pour servir d'asile aux
bêtes farouches. Son étendue inspirait de l'horreur
aux plus hardis : son obscurité était affreuse, et si
quelque chose interrompait parfois le profond silence qui y régnait, ce n'étaient que les hurlements
des loups, les cris des chouettes, et les gémissements effrayants des orfraies qui s'y trouvaient en
grand nombre... « Entrez sans crainte dans cette espèce de tombeau, malheureuse Geneviève ! il y a au
ciel, nous ne pouvons trop le redire, une Providence
dont l'œil est sans cesse ouvert sur tout ce qui se passe
sous le soleil, et si, dans certaines occasions, elle
semble ne pas remarquer nos misères, c'est afin de
nous sauver ensuite avec plus de merveilles, et de
nous donner de plus éclatants témoignages de son
amour. »

Comme les deux satellites de Golo s'en retour-
naient, survint un incident qui les fit un moment
repentir de leur pitié : ce fut le souvenir de l'ordre
qui leur avait été donné d'apporter la langue de
Geneviève. Mais Dieu, qui conduisait cette affaire,
permit qu'ils rencontrèrent un jeune chien, dont la
langue certifia au cruel intendant qu'ils avaient fait
leur devoir... Le chanoine Schmith, dans son Histoire de Geneviève, raconte différemment ce fait :
« *Corentz* et *Hintz*, noms qu'il donne aux satellites
de Golo, émus jusqu'aux larmes des prières de leur
maîtresse, lui firent jurer de ne jamais quitter la
forêt ; puis après avoir tué un jeune chien pour lui
retirer les yeux, ils revinrent au château et trouvèrent Golo assis dans sa chambre, tenant sa tête ca-
chée dans ses deux mains et dans l'attitude du

désespoir... Nous venons vous apporter les yeux de la comtesse Geneviève, dit *Corentz* en s'arrêtant sur le seuil de la porte et lui montrant dans sa main ouverte les yeux du chien. — Je ne veux pas les voir! s'écria Golo d'une voix effrayante, en se levant brusquement et mettant la main sur la poignée de son épée : Si quelqu'un a l'audace de proférer une seule fois devant moi le nom de cette malheureuse, je lui plonge mon épée dans le corps. Retirez-vous, sortez vite et ne reparaissez jamais devant mes yeux !... » Puis il s'abandonna de nouveau à sa douleur et à son repentir. » Quelques jours après, le comte Sigefroy arriva.

Afin de le détourner de toutes les pensées qui auraient pu lui rappeler la mémoire de Geneviève, on ne lui parla que de chasse, de bals, de festins, de récréations et d'amusements de toutes les sortes ; Golo entre autres était fertile en inventions agréables, et propres à distraire l'esprit de son maître. Quelques précautions néanmoins que l'on prit pour donner l'échange à sa douleur, cet infortuné retombait souvent sur le chapitre de ses désastres... Un jour sourtout qu'il avait mal passé la nuit, il parut triste à l'excès. Son confident lui ayant demandé la cause de cet abattement, le comte lui raconta qu'il avait songé qu'un dragon lui avait ravi sa femme, et que les impressions que ce rêve lui avait laissées étaient si vives, qu'il lui était impossible de s'en défaire. «Vraiment (repartit Golo, qui faisait tout pour servir à ses artifices), voilà un songe qui ne pouvait vous retracer plus clairement votre malheur ! Ce dragon, c'est le traître *Drogan*, qui a si lâchement péché contre le respect qui vous était dû ; et vous n'en pouvez plus douter, puisque votre rêve n'a renversé qu'une seule lettre de cet abominable nom.

Ces sortes de songes ne sont pas rares, et j'ai lu que plusieurs en ont eu de pareils, lorsque l'impudicité de leurs femmes les rendait volontairement adultères, ou qu'elles souffraient malgré elles... Au reste, monsieur, vous devriez éloigner toutes ces réflexions sombres qui ne peuvent que troubler votre paix. Oubliez, croyez-moi, les cendres de celle qui a voulu brûler d'une flamme impudique : effacez de votre souvenir une ingrate qui vous a si bassement éloigné de son cœur... » Mais n'anticipons rien. Laissons pour quelque temps le palatin dévorer en secret ses ennuis, et recevoir les consolations de Golo : suivons Genevière dans la solitude.

Aussitôt que les deux serviteurs l'eurent abandonnée, ses premiers pas la portèrent sur le bord de la rivière qui coulait à quelque distance du château. Là, prenant la bague que Sigefroy lui avait donnée en l'épousant, elle la jeta dans les flots, en protestant qu'elle ne voulait point retenir le gage d'une union qui lui avait causé tant de malheurs, après quoi elle entra dans l'epaisseur de la forêt et chercha quelque retraite où elle pût se défendre de la rage des bêtes sauvages et mourir à couvert.

Deux jours s'écoulèrent sans qu'elle aperçût rien qui pût lui donner de la consolation. Tout ce qu'elle voyait, au contraire, tout ce qu'elle entendait était propre à la glacer d'épouvante. Le soleil ne semblait luire que pour lui montrer toute l'horreur du lieu dans lequel elle s'enfonçait. La nuit remplissait son esprit d'ombres plus effrayantes encore que les ténèbres qui l'environnaient. Rien ne se présentait à son imagination qui ne fût plein de terreur. Le souffle d'un zéphir, le simple mouvement d'une feuille, lui faisaient naître l'image de monstres plus hideux et plus redoutables que ceux de la Lybie.

Mais ce qui mettait le comble à ses craintes et à ses peines, c'était Benoni. Considérant qu'il avait déjà couché deux fois au pied d'un chêne, n'ayant pour lit que l'herbe et qu'un peu de ramée pour défense, tous les accidents qui auraient pu lui arriver en cet état s'offraient à sa pensée, et y produisaient à peu près les mêmes effets que si elle les eût vu fondre sur lui en réalité.

« Ah! comme l'amour et la haine se sont armés contre moi! se disait-elle. Barbare Golo, devais-tu déshonorer mon nom, parce que je ne partageais pas tes indignes sentiments, parce que j'étais fidèle à cet injuste époux que tu as su tromper avec tant de perfidie? Et toi, Sigefroy, toi que j'ai tant aimé, que j'aime tant encore, le ciel t'a-t-il conservé la vie? Ces souvenirs si tendres, qui me retracent le jour de notre heureux hymen, s'adressent-ils à ton ombre irritée, ou, si je dois te revoir encore, ta fureur sera-t-elle appaisée? me pardonneras-tu de vivre, toi qui avais commandé ma mort? recevras-tu mon fils que tu as osé ne pas croire le tien? O mon Dieu! cette honte, vous m'avez commandé de la supporter. La croix ne nous apprend-elle pas à mettre toute notre fierté dans l'innocence! Divin Sauveur des hommes, vous n'avez pas craint la souffrance et l'ignominie; vous en avez fait votre glorieuse auréole. De quoi donc se plaindrait la créature? Ils ne sont pas délaissés les infortunés : un attendrissement secret intime et pur, les met en relation avec la Divinité, et les larmes qui couvrent leur visage semblent, comme la rosée du ciel, ranimer leur cœur flétri.

« Et toi, mon fils, ne condamneras-tu pas un jour ta mère? J'aspire au paisible souvenir que les morts laissent après eux. O pompes de la vie, comme vous avez disparu! Qui reconnaîtrait en moi cette

souveraine du Brabant , cette brillante Geneviève ?
O mon Dieu ! celle qui se prosterne à vos pieds vaut
déjà mieux, elle est plus humble, elle est plus soumise. »

Geneviève semblait être résignée à son triste sort ;
ce qui toucha plus sensiblement son âme , ce fut
d'entendre cette petite créature de quelques mois
demander le sein par ses gémissements. Hélas ! celui de Geneviève s'était desséché ; tout ce qu'il pouvait en tirer n'était plus qu'un mauvais chyle. Ce
fut alors que cette mère de douleur, ne pouvant plus
tenir contre un tel spectacle, fit entendre ces plaintes lamentables, les premières dont eussent été frap-
pés les échos de ces lieux sauvages et solitaires.
Privée de toute assistance humaine, elle eut recours à
la Vierge : « Sainte mère , s'écria-t-elle , exaucez
une pauvre pécheresse que les hommes ont condamnée. Je suis, vous le savez, innocente du crime
dont on m'accuse ; ne me refusez pas votre appui !
Vous seule et votre divin fils pouvez me délivrer et
me nourrir. O Vierge toute-puissante , écartez de
moi les bêtes féroces ! Divine Providence, qui prenez
soin des insectes et des vers, si votre parole ne nous
trompe point, vous devez au moins à ce pauvre innocent les mêmes secours qu'à ces faibles animaux ;
puisque , d'un côté , sa naissance n'est pas moins
considérable que la leur, et que , de l'autre , leur
condition n'est pas pire que la sienne... Regarde
donc, mon Dieu, regarde en pitié cet orphelin malheureux ! son père ne l'a pas plus reconnu que l'au-
truche du désert ne reconnaît ses petits , lorsque,
battant des ailes, ils voltigent çà et là pour trouver
leur pâture ! Permettras-tu donc, mon Dieu, que le
soin général de la Providence ait oublié dans un coin
du monde ce petit misérable , et qu'un être vivant

(chose inouïe jusqu'à cette heure), n'a point eu de part à tes grandes miséricordes? Permettras-tu que ceux qui t'aiment tombent de faim et d'inanition, tandis que tes ennemis abusent de tes bienfaits et irritent ta justice? N'est-ce pas presque mal faire que de faire du bien aux méchants, et haïr la vertu, que de la voir persécutée sans en avoir compassion?... Mais où est-ce que ma douleur m'emporte? Pardonne, Seigneur, pardonne ce blasphème à ma faiblesse! C'est assez que tu permettes une chose pour qu'elle devienne juste, et puisqu'il te plait que mon fils meure, je le veux!... » En disant ces paroles, elle remit Benoni à terre, et tourna la tête, tant était grande sa douleur de mère et pour ne pas être témoin de son dernier soupir.

Comme elle était absorbée dans l'idée de son infortune et livrée aux anxiétés les plus cruelles, elle crut entendre une voix qui sortait du milieu des taillis, et qui lui dit distinctement : « Prends patience, sois forte contre le malheur, ma tendre et constante amie, je ne t'abandonnerai point ! »

Sous le coup de cette hallucination, elle sentit grandir son courage. Elle se releva pleine d'espérance, et, bien qu'elle se sentît d'une extrême faiblesse, elle poursuivit son chemin, portant son enfant sur son bras, au milieu des vents et de la neige, sans savoir où aller. Du haut d'une montagne, elle aperçut entre des rochers arides un petit vallon couvert de verdure. Elle y descendit, non sans peine. Elle vit dans un rocher garni de sapins une médiocre ouverture ; elle s'y hasarda et arriva à une caverne assez spacieuse pour loger, en cas de besoin, deux ou trois personnes. Non loin de là, elle entendit le murmure d'un ruisseau qui s'échappait des flancs du rocher... Son premier soin fut de rafraîchir la bouche de Benoni ; après quoi elle s'y désaltéra elle-même. Une espèce de plant de citrouilles ou courges grimpait le long du roc ; mais ses feuilles étaient desséchées, et les fruits, à moitié pourris, épars sur la terre, n'étaient pas mangeables.

Geneviève entra avec son enfant dans la caverne. Là, elle se mit enfin à l'abri du vent et de la pluie, mais elle avait toujours bien froid ; il était midi. La faim la tourmentait horriblement ; son enfant, affamé comme elle, recommençait à crier et à pleurer : Ah ! grand Dieu, dit Geneviève, vous venez de me donner un asile, n'aurez-vous pas également soin de ma nourriture ?

Tout à coup elle entendit un bruit assez semblable à celui que fait un cavalier qui brosse au travers des halliers... (1).

L'ignorance de ce que ce pouvait être la fit d'abord tressaillir. Mais elle se rassura bientôt, lorsqu'elle découvrit une biche qui, sans paraître effrayée, s'avançait vers elle... Geneviève, s'étant enhardie peu à peu, se mit à la caresser. La biche paraissait ne pas être insensible à ces marques d'amitié. Alors elle conçut la pensée de se nourrir, elle et son enfant, avec le lait de cet animal. « O ! mon Dieu, à quoi le besoin ne force-t-il pas une mère infortunée ! » s'écria-t-elle en faisant téter la biche par l'enfant. Cet animal, dont le petit venait d'être déchiré par un loup, et qui se sentait tourmenté par son lait, présenta patiemment ses mamelles. Qu'il faut peu de chose pour gagner un bon cœur ! Geneviève, en ce moment, oublia toutes ses tristesses passées... Mais ce qui l'inonda de joie, ce fut de voir le lendemain et les jours suivants la pai-

(1) Qui se fraye un chemin au travers des buissons.

sible animal revenir soir et matin se faire traire régulièrement, et assurer ainsi au pauvre Benoni une nourriture aussi salubre qu'abondante. Quelques poignées d'herbes et les caresses de la comtesse étaient son salaire.

On sait que le faon ne suit sa mère que fort peu de temps ; après quoi il l'abandonne pour aller aux viandes. La biche, qui a une grande abondance de lait, n'ayant plus son petit pour l'en décharger, ne fait pas difficulté alors de se laisser téter aux animaux d'une autre espèce pour se procurer quelque soulagement. Il n'y avait donc rien que d'assez naturel dans cet instinct qui la portait à être libérale envers Benoni d'un bien qui était dommageable à elle-même. Mais ce qui n'est pas également dans la nature, et ce qui tient du miracle, c'est que, pendant sept ans que nos deux bannis passèrent dans la solitude, cet animal secourable leur continua assidûment ses services. Ce fut la seule assistance que notre petit innocent tirât des créatures : pour la comtesse, la terre lui fournissait des herbes et des racines.

Celui qui considérera que Geneviève était une princesse élevée parmi les délices d'une cour opulente, n'aura point de peine à imaginer ses ennuis... Quelle chute, en effet, que la femme d'un riche palatin dans le dénûment des choses même dont les plus nécessiteux ne manquent pas ! Quel sujet de tristes comparaisons pour elle de voir les riches ameublements de son palais changés en une grotte fétide, obscure, et dépouillée de toutes les choses les plus indispensables pour l'usage de la vie ; ses courtisans souples et serviables en bêtes farouches ou stupides ; ses viandes délicates en quelques plantes sauvages et sans apprêt ; enfin, toutes ses joies

en larmes ! Certes, il eût fallu n'être pas de chair,
pour être insensible à tant de misères réunies !

Une des principales erreurs des stoïciens fut de
faire consister la vertu dans une égale et froide indifférence pour les biens et les maux physiques.
Mais cette morale, qu'ils tâchaient d'accréditer par
de beaux discours, ils la démentaient à toute heure
par leurs actions. Ils n'en vinrent pas eux-mêmes
au point de regarder la douleur sans pâlir et sans
trembler, bien loin de la supporter, comme ils pré-
tendaient pouvoir le faire par leurs propres forces,
avec gaieté, contentement et plaisir,

La loi des chrétiens, qui, sans contredit, connaît
mieux que la théologie des païens, les bornes et les
justes proportions de chaque chose, n'approuve
point ces orgueilleuses bravades qu'inspire une
fausse sagesse. Elle ne nous commande point dans
nos peines cette brute immobilité du cadavre qui a
perdu toute faculté de sentir. Elle se borne à nous
prescrire une humble résignation, qui arrête les
mouvements et l'expression du murmure ou du désespoir. Le grand saint dont le corps ulcéré n'était
qu'une plaie universelle, se permit plus d'une fois,
dans l'excès de ses souffrances, de dire que ses
membres n'étaient pas de bronze, et cependant
l'Ecriture lui rend témoignage qu'*en cela il ne com-
mit pas la moindre faute* (Job, II, v. 10). Jésus-
Christ lui-même, notre sauveur tout ensemble et
notre modèle, voulut que, parmi les horreurs de
son agonie et de sa mort, ses plaintes fussent une
preuve incontestable qu'il était véritablement
homme. Ne nous troublons donc pas outre mesure
de quelques paroles, peu circonspectes d'ailleurs,
qui pourraient nous échapper dans ces crises affreuses où la nature défaillante s'affaisse comme

algré elle sous le poids de l'infortune ou de la maladie. Nos gémissements, nos soupirs, nos clameurs même, n'empêcheront point nos épreuves être méritoires, pourvu que notre âme reste intérieurement tranquille et soumise.

Geneviève se conformait parfaitement à cette règle. Elle permettait par intervalle à sa sensibité d'éclater; mais sans jamais rien accorder à l'impatience. Un jour entre autres que l'image de tous les malheurs se présenta à son esprit, elle se jeta la face contre terre, et là, fondant en pleurs, elle dit, d'un ton qui eût amolli les rochers : « Mon Dieu ! hélas ! mon Dieu, que vous ai-je donc fait pour mériter d'être cruellement traitée ? Qu'est donc devenue à mon égard cette miséricorde qui pardonne, cette bonté singulière que vos livres saints mettent au-dessus de tous vos autres attributs ?... Quand j'aurais renversé vos autels et brûlé vos temples, mes larmes devraient, ce me semble, avoir éteint le feu de votre colère, et mes maux, au contraire, loin de diminuer vont toujours croissant. Ah ! Seigneur, je sens ma santé qui s'épuise, les forces m'abandonnent; vous qui remplissez l'univers, soutenez mes pas chancelants jusqu'à ce que cet enfant ait un autre appui que moi dans le monde. Alors, vous me rappellerez dans votre sein, car j'ai trop souffert pour recommencer à vivre, et mon temps d'épreuve est fini. Dieu des opprimés, Dieu des faibles, Dieu des enfants, regarde en pitié celui-ci. Jamais un sentiment dur ou trompeur n'est approché de son âme ; elle est encore, cette âme, ô mon Dieu ! telle que vous la lui avez donnée. Elle va bientôt, pour la première fois, lutter avec le destin ; protégez-le, protégez la mère à cause de l'enfant. »

Ce fut surtout lorsque la langue de l'enfant vint

à se délier et à exprimer par des mots ces premières plaintes, que le cœur de Geneviève éprouva
tous les tourments de l'amour maternel. Elle serrait
alors contre son sein ce petit malheureux, et d'une
voix qu'entrecoupaient mille sanglots : « Ah! mon
cher fils (s'écriait-elle), ah! mon pauvre Benoni,
mon cher enfant, que tu commences de bonne
heure le dur métier de la vie! » Puis, elle pleurait
tout à son aise...

Pendant qu'elle se lamente, éloignons-nous un
peu de sa demeure, et jetons les yeux sur ce qui se
passe dans le monde... Nous y verrons un nombre
infini de femmes beaucoup moindres en innocence
et en qualité, qui éclatent dans l'or et dans la soie.
Couvertes de pourpre teinte dans le sang du peuple
et piaffant de la dépouille du pauvre, elles dorment
tranquillement sur des lits de roses plus faits pour
la volupté que pour le repos. Elles lassent et mettent hors d'haleine de pauvres filles de chambre, à
manier et retoucher à longues journées l'attirail
d'une toilette qu'on prendrait presque pour une mer-
cerie destinée à meubler toute une ville. S'habiller est
pour elles une affaire, et se divertir, la plus importante
de leurs occupations. Nous verrons en leurs personnes le vice honoré, l'impunité en crédit, et la
vanité en estime ; tandis qu'une pauvre femme souf-
fre isolée au coin d'un bois, pour n'avoir pas voulu
fausser sa foi à celui à qui le ciel l'avait engagée...
Dans le château même de son mari, nous ne trouverons pas une servante qui ne soit contente, pas un
laquais qui ne vive satisfait, pas un chien qui n'ait
du pain suffisamment, pendant que Geneviève,
couverte de haillons, transie de froid dans un désert,
y éprouve toutes les privations du besoin... O Dieu!
qu'il est bien vrai que votre providence marche

ns des abîmes qu'il n'appartient pas à notre es-
it de sonder, et que vos conseils sont des préci-
ces pour tous ceux qui veulent en mesurer la pro-
ndeur.

Le seul Sigefroy, parmi les aises et les joies de
maison, semblait être un habitant des tombeaux,
happé de son sépulcre. L'été les plaisirs, l'hiver
ses passe-temps, la chasse, la pêche, les visites,
s festins et les jeux n'étaient plus rien pour lui.
uelque effort que l'on fit pour lui ôter de l'esprit
dée des vertus de Geneviève, la modestie de cette
gne femme, son honnêteté, sa piété, sa prudence,
n amour, étaient autant d'accusateurs secrets qui
i reprochaient vivement et sa folle crédulité et
rrêt barbare qui s'en était suivi. Ce pauvre homme
oyait traîner incessamment après lui trois victi-
es qu'il pensait avoir égorgées. La nuit ne lui re-
ésentait que d'effroyables fantômes. Le jour n'é-
airait que pour lui faire remarquer l'absence de
n incomparable épouse. Son humeur, devenue
uvage, ne se portait plus que dans les lieux soli-
ires, où il pouvait sans gêne donner toute liberté
ses soupirs.

Qui pourrait se figurer le désespoir et la fureur
à il entrait contre lui-même dans ces réduits écar-
s, quand sa mémoire lui disait : « Tu as fait tuer
eneviève ! Tu as massacré ton fils ! Tu as ôté la vie
ton pauvre serviteur !... Marche ! bourreau (ajou-
ait-il en s'apostrophant lui-même d'un ton qui an-
onçait un esprit à demi aliéné), marche ! ce sont
urs ombres qui te poursuivent ! Geneviève, où
tes-vous, où êtes-vous, ma chère fille, où êtes-
ous ? »

En vain ses amis, qui venaient le visiter de temps
n temps, essayaient de le tirer de cette sombre

mélancolie qui le minait par degrés. La main de Dieu le poursuivait en tous lieux, et l'image de son crime ne l'abandonnait jamais ; semblable pour ainsi dire en ceci aux démons, qui, quelque part qu'ils aillent, portent partout leur enfer. Il avait péché par une soudaine précipitation : le Très-Haut, tout contraire en ses procédés, le voulait châtier d'une peine lente, et, si j'ose dire, paresseuse, afin de lui faire sentir combien il est dangereux de ne pas prendre conseil de la réflexion et de la religion, dans les divers accidents qui nous arrivent.

Mais ce à quoi il reconnut plus particulièrement que ses frayeurs et ses craintes étaient des effets de son crime, ce fut surtout après l'horrible vision qu'il eut et que nous allons raconter. Un soir qu'il était couché, il entendit, sur le minuit, quelqu'un qui marchait à grands pas dans sa chambre. Aussitôt il tira les rideaux de son lit, et n'ayant rien aperçu, à la lueur d'un peu de lumière qui restait dans la cheminée, il tâcha de se rendormir... Un quart d'heure après, le bruit recommença, et alors il découvrit, au milieu de son appartement, un homme grand, pâle et défait, qui traînait un gros fardeau de chaînes dont il semblait être lié.

Cet horrible spectre, apparaissant dans les ténèbres de la nuit, était bien capable de faire pâmer un homme moins hardi que Sigefroy, mais assuré et courageux comme il l'était, il demanda sans crainte ce qu'il voulait. Si pourtant, ne put-il commander à une sueur froide qui se répandit sur tout son corps, principalement quand il vit que cet esprit faisait signe de venir à lui.

Le comte, poussant l'intrépidité jusqu'au bout, le suivit à travers d'une basse-cour, et de là jusqu'au fond d'un petit jardin écarté où il ne fut pas plutôt entré que la vision disparut.

Cette fuite subite et inattendue fit sur le paladin une impression mille fois plus forte que si le spectre lui eût continué une compagnie si peu agréable. A ce coup, la peur le saisit vivement.

Ce qui ajouta encore à sa frayeur, ce fut la lune qui se voila dans l'instant de sombres nuages et le laissa chercher parmi les ténèbres la porte de sa chambre. S'étant remis au lit, son imagination acheva de le faire trembler. Il crut sentir à ses côtés ce grand spectre, tout glacé, qui le pressait dans ses bras, si bien que, ne pouvant plus commander à l'effroi, il appela ses domestiques, qui le trouvèrent plus pâle qu'un mort. Dès que le jour parut, il commanda de creuser la terre à l'endroit où le fantôme s'était évanoui. On n'avait pas encore ouvert le sol d'un mètre qu'on rencontra les os d'un homme chargé de fers et de menottes. Ayant demandé à ses gens qui ce pouvait être, on lui dit que c'était dans ce lieu que l'intendant avait fait jeter le corps du cuisinier Drogan et que ces débris humains étaient apparemment le squelette de ce malheureux.

Sigefroy ordonna que ces restes fussent enterrés plus honorablement et qu'on dît des messes pour le repos de l'âme de ce misérable. Depuis ce temps-là on n'entendit plus de bruit dans le château, mais l'esprit du palatin, comme nous l'avons déjà remarqué, lui servait de spectre et l'environnait de toutes les formes épouvantables que les hommes agités de furies se peuvent figurer. Rien ne pouvait le distraire de ses pensées noires et profondes. On entendait souvent ces paroles sortir de sa bouche :

« O Geneviève, que tu me tourmentes ! »

Ce fut bien pis encore, après l'événement que nous venons de raconter et que nous empruntons à la chronique de Mathias Emmich. Trois ans après le retour du comte, et trois siècles de misères pour sa femme, comme il maniait un jour divers papiers dans un cabinet, il tomba sur le billet que la comtesse y avait fait déposer secrètement par Berthe.

Qui pourrait dire les regrets et les tristesses que ce morceau de papier lui causa? Il proférait mille malédictions contre Golo; il arrosait cet écrit de ses larmes, il frappait son estomac, il tirait sa barbe et ses cheveux; tout ce que la douleur la plus exaltée peut commander à un homme, c'était tout ce que le paladin faisait, et, certes, il eût fallu avoir une âme de tigre pour lire cette lettre sans pleurer. L'innocence l'avait conçue et la plus douce sensibilité l'avait dictée. Voici ce qu'elle contenait :

« Adieu ! Sigefroy, je vais mourir, puisque vous
« l'ordonnez... Je n'ai jamais rien trouvé d'impos-
« sible quand il s'est agi de vous prouver mon res-
« pect et mon obéissance : mais la vérité m'oblige
« en ce moment à vous dire que je trouve une
« extrême injustice dans votre commandement...
« Quoique ce ne soit que par ignorance que vous
« contribuez à ma ruine et que, si vous étiez mieux
« instruit, vous seriez fort éloigné d'y consentir,
« toujours est-il sûr qu'en pareille matière la pré-
« cipitation seule que vous y avez mise est déjà en
« elle-même un grand mal... Je ne veux pas, toute-
« fois, que ce ressentiment m'empêche de vous
« souhaiter une parfaite félicité s'il en est sur la
« terre, et, à celui seul qui est l'auteur de mon mal-
« heur, une meilleure fortune temporelle que celle
« qu'il me procure... Je te révérais comme mon
« souverain, je te chérissais comme mon époux, et

« quand l'admiration se mêle à l'amour, ce senti-
« ment devient-il trop fort pour mériter la protec-
« tion du ciel? Dieu ne renonce point au cœur de
« sa créature : il daigne en être jaloux. J'ai joui
« quatre ans de ces affections de la nature, si belles
« dans tous les âges, si délicieuses dans la jeunesse.
« Quand le jour finissait, je le regrettais comme un
« ami qui s'éloignait de moi. Hélas! j'avais raison :
« ces jours heureux devaient m'être accordés en
« bien petit nombre... Je passe volontiers d'une
« misérable vie à un état qui ne peut être pire, sur
« la confiance que j'ai qu'un jour mon innocence
« pourra être hors du soupçon où la calomnie l'a
« jetée, et que je ne meurs que pour avoir voulu
« demeurer tout entière à celui qui ne me devait
« posséder avec personne... Tout le regret que
« j'emporte avec moi, c'est d'avoir mis au monde
« un enfant qui doit être la victime d'une cruauté
« qu'il ne méritait pas d'éprouver, comme il a été
« la cause innocente de mon malheur!... Adieu!
« Sigefroy, que j'ai tant aimé et que mon cœur
« aime encore! Ma première action, en entrant
« dans le ciel où j'espère d'être bientôt, sera de
« m'aller prosterner aux pieds de Dieu, et, après
« l'avoir remercié de la grâce du martyre qu'il m'ac-
« corde, de le conjurer qu'un jour Sigefroy partage
« avec moi mon bonheur et ma couronne... Adieu!
« encore une fois, cher et malheureux époux! Ge-
« neviève ne sera plus quand ce billet vous tom-
« bera sous la main : gardez-le comme le dernier
« gage de tendresse qu'elle ait pu vous laisser ici-
« bas ; et si quelquefois vous éprouvez des peines,
« dites-en le considérant, et en vous rappelant mon
« souvenir : *ma pauvre épouse eut des moments où elle*
« *fut incomparablement plus malheureuse que moi!*

« Ici, je me jette à genoux pour prier Dieu de vous
« bénir, et d'ajouter à la somme de vos jours ceux
« qui, dans un instant, vont m'être retranchés ; et,
« pour sceau, je colle sur cette lettre le dernier
« baiser qu'ait pu vous donner votre infortunée, mais
« innocente

« GENEVIÈVE. »

C'en était fait de Golo, si le palatin l'eût tenu
dans cet instant. Mais le perfide, qui était aux écou-
tes, jugea à propos de laisser le torrent couler : il
fut absent toute la journée et les deux jours
suivants. Quand il crut que l'orage avait crevé, et
que la douleur du comte était un peu plus tranquille, il revint au logis, et, après avoir sondé le
gué, il parut devant son maître, comme s'il n'eût
eu connaissance de rien.

Sigefroy ne manqua pas de lui faire de grands
reproches sur le mauvais jugement dans lequel il
l'avait précipité ; mais cet homme infernal ne man-
quait pas, lui, de mauvaises raisons pour tromper
le palatin et lui tirer cette épine du cœur. « Quoi !
monseignenr (lui dit-il, vous repentez-vous d'avoir
ôté la vie à celle qui vous a ôté l'honneur, ou bien crai-
gnez-vous de l'avoir fait mourir injustement ?...
Dans ce dernier cas, votre désespoir serait légitime,
sans doute ; mais quel sujet avez-vous d'en concevoir le moindre soupçon ? Vos yeux ne sont-ils pas
témoins de votre malheur ? N'avez-vous pas pris toutes les informations que vous pouviez prendre pour
constater la réalité du délit ? N'avez-vous pas mis
dans la punition des coupables toute la prudence,
toute la modération, tout le sang-froid que cette
action exigeait ? Ah ! monsieur, vos domestiques
savent trop combien votre manière d'agir en ceci est
équitable, pour la trouver mauvaise, et il n'y a

point de police humaine qui eût permis beaucoup plus que ce que vous avez fait ? Voudriez-vous donc être plus sage que les lois, et condamner ce que la raison approuve, ce que la religion même autorise? Peut-être que ce chiffon de lettre vous a persuadé de l'innocence de madame ? Vraiment, voilà une plaisante justification ! Eh ! où trouvera-t-on des crimes, si l'on en est quitte pour les nier ? Qui sera jamais condamné si c'est assez d'assurer qu'on est exempt de faute ? Quelque méchante que soit une femme, croyez-moi, si l'on veut l'écouter, elle est toujours innocente... Oh ! plût à Dieu, monsieur, plût à Dieu que celle qui avait l'avantage de vous appartenir eût eu moins de malice ou plus d'habileté à feindre : je serais le premier à croire les préten- dues preuves de sa bonne conduite, comme j'ai été le premier à vous dénoncer son infidélité ! Mais, puisqu'à la perte de son honneur elle a ajouté l'ef- fronterie de ne craindre personne, vous devez de- meurer content d'avoir vengé les intérêts publics, en châtiant, comme elle le méritait, une offense qui vous était particulière. »

Ces discours, d'une feinte affection, faisaient jus- qu'à un certain point rentrer l'insensibilité dans le cœur du palatin ; de sorte que ses remords, tout vifs qu'ils étaient, n'étaient guère que des oiseaux qui, après avoir donné de furieux coups de bec à la dérobée, se retiraient un peu et laissaient respirer quelque temps plus à l'aise..... Cependant Golo s'ennuya d'avoir chaque jour à soutenir de nouveaux assauts. Quand il vit l'esprit du comte entièrement changé, la prudence lui conseilla la retraite, et alors, je ne sais sous quel prétexte spécieux, il s'éloigna de la maison, et ne vint plus voir son maître, que lorsque la bienséance le demandait absolument.

Mais pendant que nous nous arrêtons dans le palais de Sigefroy, nous avons laissé notre innocente *criminelle* en la compagnie de la biche et de son Benoni. Retournons en sa grotte que nous ne devons plus considérer comme le repaire des animaux des bois, mais comme une école de pénitence et le temple du malheur.

Après que Geneviève eut passé dans cette âpre solitude trois années tout entières d'hiver, puisque le soleil n'y pénétrait jamais, ses maux lui devinrent si familiers, qu'elle n'en avait plus d'horreur, et sa patience se perfectionna au point de regarder ses souffrances même comme des délices... De son côté, la Providence ne se montra plus en quelque sorte indifférente à ses peines, et commença au contraire à la combler des plus hautes faveurs.

Pour témoigner que sa vertu ne lui était pas inconnue et que son innocence était bien proche de celle d'Adam dans le paradis terrestre, Dieu, dit la même légende, lui soumit entièrement la rage des bêtes les plus farouches. Ce fut une chose ordinaire dès son entrée dans la forêt, comme nous l'avons dit, que la biche vint deux fois chaque jour allaiter l'enfant, et se cacher toutes les nuits dans la caverne avec la mère et le fils, pour rendre quelque chaleur à leurs membres glacés. Mais, outre ce bienfait, aucun des terribles hôtes des bois ne vint leur porter atteinte, au contraire, tous semblaient domptés par un pouvoir magnétique quand ils paraissaient près du lieu habité par nos infortunés fugitifs.

Un matin que Geneviève, après avoir recommandé au petit Benoni de ne pas s'écarter de la grotte, elle prit à la main une grosse branche d'arbre, pendit à son côté une courge ou gourde remplie de lait, et alla faire des excursions au loin pour découvrir quelques arbres dont les fruits seraient mangeables , arrivée au sommet d'une montagne qui faisait la limite de la forêt , elle jeta les yeux sur la campagne , et vit, non sans frayeur, un loup terrible accourir à sa rencontre tenant une brebis dans sa gueule. A la vue de Geneviève , il s'arrêta tout court , lâcha sa proie et prit la fuite dans une autre direction. Geneviève essaya de rappeler la brebis à la vie , mais ses soins furent inutiles.

La vue de ce pauvre animal réveilla dans le cœur de Geneviève diverses sensations douloureuses ; d'abord, le regret de n'avoir pu le ramener vivant à son cher Benoni ; puis, reconnaissant sur son dos la marque des bergeries de son époux, elle pensa qu'elle devait être bien proche de son palais, car autrement un loup n'aurait pu apporter une brebis en ce lieu. Une idée vint traverser son âme avec la rapidité de l'éclair. « Ne ferais-je pas bien, se dit-elle, de prendre mon enfant dans mes bras et d'aller me jeter aux pieds de Sigefroy et de lui raconter l'imposture dont il a été dupe et démasquer un traître ? » A cette réflexion en succéda une autre, elle était liée par un serment ; son retour allait peut-être causer la mort de deux hommes à qui elle devait la vie , elle résolut d'attendre la volonté de Dieu. A l'aide d'une coquille tranchante qu'elle ramassa sur le bord d'un ruisseau, elle dépouilla la brebis de son épaisse fourrure, la lava ensuite, et l'ayant fait sécher au soleil, elle s'en revêtit sur-le-champ, et, sous cet accoutrement , elle regagna la grotte où l'attendait son cher enfant.

Nous n'entrerons pas dans tous les détails merveilleux ou fantastiques de la légende. Suivant Matthias Emmich, un ange vint de la part de Dieu lui apporter un crucifix pour orner sa retraite , servir désormais d'objet à toutes ses pensées et de remède à tous ses maux. Une autre fois, ainsi que nous l'avons rapporté plus haut, il y avait près de la grotte une fort belle fontaine, qui fournissait plus de la moitié de la vie à nos deux solitaires, Geneviève, à l'instar du beau Narcisse, s'y mirait; mais, contrairement à ce dernier, ne trouvait plus aucuns charmes à sa figure, et se voyant livide et défigurée, s'en attristait. Tout à coup la reine des anges lui apparut, et, en lui reprochant de regretter sa beauté passée, lui dit qu'elle était ainsi agréable à Dieu comme à son fils, *qui ne regardent ni à la couleur ni à la figure de ceux qui les servent;* puis elle remonta au ciel. Nous ne suivrons pas plus loin les détails mystiques des anciens auteurs, nous y reviendrons plus tard.

C'était bien avant dans la septième année de sa solitude... Le petit Benoni commençait pour lors d'avoir, avec le sentiment de sa mère, l'usage plein et parfait de sa raison. Ce charmant enfant montrait tant d'inclination au bien, que la comtesse en était transportée d'aise. Il lui faisait mille petites questions qui indiquaient autant la bonté de son naturel, que la finesse de son imagination. Cela faisait quelquefois pleurer la pauvre mère, et lui donnait occasion de penser que son fils était appelé à un autre sort qu'à celui où ils se trouvaient réduits.

Un jour que cet enfant incomparable badinait entre les bras de Geneviève et la flattait de ses petites mains : « Maman (dit-il en suspendant ses caresses), vous me recommandez souvent de dire : *Notre Père qui êtes aux cieux,* apprenez-moi donc qui est mon père ? Cette demande brusque imprévue risqua d'ajouter aux pleurs de Geneviève la perte de sa vie : « Mon enfant (répondit-elle après quelques moments de silence), votre père, c'est Dieu ;

ne vous l'ai-je pas dit plus d'une fois? Regardez ce beau ciel : voilà sa demeure, voilà sa maison. » — «Mais, maman, me connaît-il bien? — Ah! mon fils (repartit la comtesse en le serrant contre son sein), oui sûrement il te connaît et il t'aime même! — « D'où vient donc (ajouta Benoni) qu'il ne me fait point de bien, et qu'il permet tous les maux que nous souffrons? — Mon cher enfant (reprit Geneviève), c'est se tromper de croire que les biens de la terre soient la preuve de son amour. Ces sortes de richesses, au contraire, ne sont souvent que des moyens de se perdre, dont Dieu punit les méchants, réservant de faire du bien à ses amis dans l'autre monde, et bientôt peut-être nous y passerons, toi et moi, dans cet autre monde où est le vrai et solide bonheur. »

Le pauvre innocent écoutait tout cela avec beaucoup d'attention; mais quand il entendit faire la différence des bons et des méchants, il ne put s'empêcher d'interrompre ainsi sa mère : « Quoi! mon père a-t-il d'autres enfants que moi? Et où est-il donc cet autre monde? » Alors Geneviève enseigna à son fils qu'il existait non loin d'eux des villes et des provinces peuplées d'hommes et de femmes exactement faits comme eux, que ceux qui s'y conduisaient bien iraient au ciel, tandis que ceux qui se rendraient coupables de quelques méfaits devaient en être éternellement châtiés.

Ce pauvre enfant, malgré sa sagacité naturelle, eût été fort éloigné de comprendre tout ce que Geneviève lui disait, si Dieu ne lui eût servi de maître, en l'éclairant intérieurement et en lui communiquant par lui-même toutes ces belles connaissances que nous n'acquérons que par une longue étude. Jamais, par exemple, il n'avait vu personne, et néanmoins il sut aussitôt ce que c'était que des villes et des provinces , aussi parfaitement que s'il eût parcouru tout l'univers.

L'expérience ne lui avait jamais appris non plus ce que c'était que la mort ; mais peu s'en fallut qu'il n'en vît la triste image dans la personne de sa mère quelques jours après... Les longues fatigues, les ennuis ordinaires et le besoin extrême de toutes choses , avaient épuisé un tempérament qui ne pouvait être que délicat, pour avoir été nourri dans les délices et au milieu de toutes les jouissances. Geneviève n'avait plus besoin que d'un souffle pour tomber, et voilà toutefois qu'une fièvre violente s'attache au peu de sang qui restait dans ses veines. Cette maladie cruelle l'abattit en peu d'heures ; de sorte que, sans un miracle réel, il était impossible qu'elle ne devînt sous peu de jours la proie du trépas.

Benoni voyant les yeux de sa mère languissants et à moitié éteints, son teint presque entièrement éffacé , sa bouche glacée et livide, se prit si fort à crier, qu'il en faisait retentir tous les échos d'alentour. Il versa tant de larmes, en appelant par son nom sa pauvre mère qui ne lui répondait point, que ses petites joues et celles de Geneviève en étaient toutes trempées... Enfin la comtesse, étant revenue d'une longue pâmoison, pleura largement à son tour sur cet objet de douleur; et cette crise salutaire lui donna un peu de soulagement, qui la mit à même de faire à son fils une confidence qu'il lui importait extrêmement de ne plus différer.

Jusque-là elle avait dissimulé avec prudence la cause de ses chagrins, et n'avait jamais accordé à Benoni de lui découvrir l'auteur de ses maux. Alors elle crut qu'il ne lui était plus permis de se taire sur cet article. Elle apprit donc en détail à l'enfant.

qui se lamentait, appuyé sur son sein, tout ce qu'elle lui avait caché jusqu'à ce moment; après quoi elle ajouta : « Voici l'heureux jour, mon fils, « qui va mettre fin à vos peines. Je n'ai aucun sujet « de me plaindre de la mort, puisque je n'ai au- « cune raison de regretter la vie. Je vais sortir « du monde sans répugnance, comme j'y ai vécu « sans attachement. Si quelque chose dans ce dé- « part pouvait me causer du déplaisir, ce serait de « te laisser sans appui et sans soutien dans ce dé- « sert où tu ne méritais pas d'être relégué; mais « cette considération accablante perd toute son « amertume, quand je fais réflexion que tes inté- « rêts sont dans les mains de celui qui est le bon « père des orphelins et le puissant support des in- « nocents. C'est à lui que je laisse le soin de ton « enfance; c'est de lui seul désormais que tu dois » attendre du secours : jette-toi hardiment entre « ses bras, mon cher Benoni, et prends toute con- « fiance en ses compassions ; il ne se retirera « pas pour te laisser tomber... Je ne veux pas que « tu aies souvenance d'une mère infortunée qui ne « t'a mis au monde que pour en souffrir toutes les « afflictions. Si tu crois me devoir quelque recon- « naissance pour les petits services que je t'ai ren- « dus, paye-moi cette dette dès ce moment même, « mon cher fils, en me promettant que tu ensève- « liras avec mon corps le ressentiment de l'injure » qu'on nous a faite. C'est à Dieu qu'appartient la « vengeance, et la punition d'un crime ne nous est « jamais permise, surtout quand nous-mêmes som- « mes les exécuteurs de la sentence et l'objet de « l'injustice. Et puis, mon pauvre enfant, le tort « qu'on nous a fait est d'une étrange nature, puis- « que tu ne peux être pieux à mon égard sans outre-

« passer ce que la piété te commande à l'égard de
« ton père, Ce serait, à proprement parler, laver
« tes mains dans le sang pour les avoir nettes... Je
« sais qu'il n'est guère possible d'être malheureux
« sans se plaindre : aussi n'est-ce pas ce que j'exige
« de toi! Sens tes maux, la nature le veut; mais
« garde-toi bien, quand tu seras grand, de vouloir
« en rendre le retour à personne, parce que la
« vertu le défend. »

Après d'autres conseils de modération, de pardon et d'oubli, elle ajouta : « Si Dieu veut que tu
« restes en ce bois, continue d'y souffrir sans mur-
« mure, comme tu l'as fait jusqu'ici. S'il veut, au
« contraire, que tu retournes chez ton père, n'en
« fais point de difficulté. Tu as des qualités qui
« parlent en ta faveur, et la ressemblance de ton
« visage au sien ne lui permettra pas de te mécon-
« naître... Pour moi, de qui tu ne peux attendre
« que des bénédictions, je t'accorde la mienne,
« mon fils, aussi abondamment que je puisse te la
« donner !... » En disant ceci, elle fit mettre Benoni à genoux, se souleva avec effort, se mit sur son séant, invoqua les doux noms du ciel sur ce malheureux orphelin, et versa sur cette intéressante victime les dernières larmes qu'elle croyait avoir à répandre encore sur cette terre.

Mais le temps n'était pas encore venu où la mort devait accroître de l'ombre de Geneviève le nombre de ses fantômes... Ici la légende ajoute que, tandis que Geneviève attendait avec résignation la fin de ses misères et Benoni le commencement de ses douleurs, deux anges apparurent, et, s'étant approchés de la petite couche de ramée où reposait la malade lui dirent en la touchant : « *Vivez, Geneviève, Dieu le veut!..* » Alors eut lieu une résurrection plutôt qu'une guérison. L'enfant pleurait de joie de voir revivre sa mère, et la comtesse soupirait de tristesse de se voir repoussée du port dans la tempête.

Nos lecteurs nous sauront sans doute gré de citer, lorsqu'elles se rencontrent, les excentricités des anciens historiens de la legende auxquels nous laissons toutes responsabilités... Pendant que ceci se passait dans la forét, la sorcière, chez laquelle Sigefroy était allé voir le péché imaginaire de sa femme, fut prise, accusée et convaincue d'une multitude de crimes qu'elle ne put décliner.

Comme elle était sur le point d'expier ses forfaits dans les flammes, et déjà attachée à l'infâme poteau, elle demanda permission à la justice de dire quelques paroles, ce qui lui fut accordé... Après l'aveu de quelques nouveaux délits qu'elle avait encore tenus secrets jusque-là, elle confessa que, de tous les maux qu'elle avait jamais faits, celui d'avoir rendu coupable une personne innocente lui pesait le plus... Les ministres de son supplice recueillirent cette déclaration avec empressement et demandèrent à la magicienne de s'expliquer plus au long sur ce dernier point... Alors elle dit que le palatin Sigefroy n'avait fait mourir son épouse que sur un soupçon que les illusions de son art diabolique lui avait donné ; qu'elle avait été réduite par argent pour jouer ce rôle affreux ; en un mot que Geneviève était entièrement exempte de faute, et, sur cette protestation, elle reçut le coup fatal.

Qui pourrait se figurer la rage qui saisit l'esprit du comte, à l'instant où cette nouvelle lui fut rapportée? Qui pourrait décrire les menaces de sa colère contre Golo, et les douces complaintes qu'il adressait à sa femme, à son fils et au malheureux Drogan?

Ce serait une chose infinie de rapporter tout ce

que la fureur lui fit proférer d'imprécations contre l'assassin de ceux qu'il croyait avoir perdus sans ressources. Jamais douleur ne fut plus vraie, ni mieux sentie que la sienne ; jamais aussi désespoir ne s'exprima plus éloquemment.

Néanmoins , considérant qu'il ne faut pas crier après les oiseaux qu'on guette, après cette première explosion, il concentra du mieux qu'il put ses chagrins, et pour ne pas manquer Golo, il l'envoya sur-le-champ prier de le venir aider dans une chasse solennelle.

Le projet de cette partie de chasse était véritable ; mais le porteur de la lettre avait eu l'ordre le plus exprès de ne pas donner à connaître à Golo qu'il était la principale bête qu'on y voulait prendre.... Voilà donc ce misérable dans la maison du palatin ; Sigefroy , comme nous le disions tout à l'heure, avait résolu d'aller à la chasse pour contribuer quelque chose de sa peine à un banquet qu'il voulait donner à ses parents à la fête de l'Epiphanie, et à la suite duquel il projetait de leur mettre Golo entre les mains.

Le jour qu'il avait choisi n'eut pas plutôt dissipé les ténèbres et réveillé les oiseaux , que le comte partit avec tous ses gens, afin de surprendre les bêtes aux *gagnages* (1).

Nous ne nous engagerons point à pure perte dans un vrai labyrinthe , en nous amusant à décrire tous les tours et détours des lièvres parmi cet assemblage confus d'arbres ; les ruses toujours nouvelles des renards ; la fuite légère et précipitée des cerfs ; la retraite tantôt brusque , tantôt lente des sangliers. Ici

____

(1) En termes de vénerie , c'est une terre chargée de grains, où les bêtes fauves vont au viandis.

un seul sentier s'ouvre devant les pas du chasseur ;
là la rencontre de vingt autres à la fois qui s'entre-
lacent, le désespère par la difficulté du choix et le
laisse dans l'incertitude du vrai chemin qu'il doit
tenir... Pendant que les uns vont d'un côté, les autres de l'autre, tous s'échauffent et courent après
leur proie, la Providence prépare son coup, mais
d'une façon toute amoureuse et toute pleine de douceur.

A peine Sigefroy s'était écarté de sa suite, qu'il
aperçut une biche au bord du bois (c'était la nourrice de son fils!)... Il poussa tout aussitôt son cheval avec la plus grande impétuosité. Mais la bête
gagna la forêt, brossant au travers des halliers, si
lentement néanmoins, qu'elle semblait, dit le P. Ce-
riziers, désirer d'être chassée et que le comte ne la
perdit pas un seul moment de vue... Il la poursuivit ainsi jusqu'à l'entrée d'une grotte ou caverne,
où elle se jeta tout essoufflée (cette caverne, hélas!
c'était celle de notre malheureuse héroïne).

Comme il s'apprêtait à lancer un javelot sur le
pauvre animal, il entrevit au fond de cet antre quelque chose qui ressemblait assez à une femme, sinon
que cela paraissait à peu près nu et n'avoir guère
d'autre vêtement qu'une longue et épaisse cheve-
lure qui lui couvrait en quelque sorte tout le corps.

La curiosité de savoir ce que ce pouvait être le
fit approcher. Les chiens violèrent ce dernier asile
de la pauvre biche, qui était allée se coucher comme
d'habitude aux pieds de l'enfant, et la bonne mère,
voyant que sa biche chérie était sur le point de
périr, saisit un bâton et s'efforça d'écarter la meute
furieuse. Le palatin, témoin de cet étrange spectacle, ordonna de chasser les chiens. « Qui es-tu ?
demanda-t-il ensuite à Geneviève qu'il ne recon-

naissait pas. — Je suis chrétienne , mais , comme vous le voyez , je n'ai point de vêtements pour me couvrir. Donnez-moi votre manteau, afin que je ne sois point exposée nue à tous les regards. » Le palatin le lui tendit , et lorsqu'elle fut enveloppée : « Femme, reprit-il, tu es sans habits et sans nourriture ? — Je n'ai point de pain , messire , mais je mange des fruits et des herbes que je trouve dans les bois. L'extrême vétusté a fait tomber mes vêtements en lambeaux. — Quel est votre pays , et qui a pu vous décider à vivre en anachorète dans un désert si affreux ?

— Messire (répondit notre inconnue), je suis une pauvre femme de Brabant que la nécessité a contrainte de se retirer en ce petit coin du monde, parce qu'il ne lui restait plus d'autre appui nulle part ! Il est vrai que j'étais mariée à un homme qui pouvait me faire du bien, s'il eût eu autant de bonne volonté que de puissance ; mais le soupçon qu'il prit trop légèrement de ma fidélité le fit consentir à ma ruine et à celle d'un enfant ; qui n'avait pas été conçu avec le péché qui m'était imputé. Et si les serviteurs, qui avaient eu le commandement de me faire mourir, eussent eu autant de précipitation à exécuter ma sentence qu'on en avait mis à me condamner, je n'aurais pas vieilli si longtemps dans une solitude où je n'ai reçu aucun aide que de l'air, de l'eau , et quelques racines qui n'ont servi qu'à prolonger mes misères et ma vie. »

Pendant ce triste discours, l'amour parlait au cœur de Sigefroy qui semblait prendre un vif plaisir à contempler l'enfant. « Combien y a-t-il donc que vous habitez cette forêt ? demanda-t-il. — Il y a six ans et trois mois. — A qui est cet enfant ? — C'est mon fils.— Quel est son père ?—Dieu le sait, répli-

qua-t-elle.— Comment vous nommez-vous ? — Mon
nom est Geneviève. »

Sitôt qu'il eut entendu ce nom, le palatin pensa
que ce que pouvait être sa femme, et ses yeux la
cherchaient dans les traits de ce visage exténué, et
un camérier, sortant de la foule, s'écria : « Sur mon
âme, il me semble que c'est là notre maîtresse qu'on
croit morte depuis si longtemps ! Elle avait une petite cicatrice au bas de la joue ; voyons si cette
femme l'a aussi. »

Tous les chasseurs s'avancèrent et aperçurent la
cicatrice que désignait le camérier ; alors le palatin,
que la suprise, le remords et la joie avaient comme
pétrifié, sauta au cou de sa pauvre femme, en s'é-
criant : « C'est donc toi, ma chère Geneviève, toi si
pure dont j'ai voulu la mort ! toi qui, pendant six
années, m'a fui comme son assassin. Je n'ose em-
brasser tes genoux. »

Puis, s'adressant à Benoni, « Viens dans mes bras,
mon enfant. « Geneviève fondait en larmes, elle ne
put tenir plus longtemps : «Ah ! s'écria-t-elle en
s'affaissant sur elle même, merci, mon Dieu! je
meurs heureuse, recevez moi dans votre sein.»Elle
était évanouie, tous les assistants l'entourèrent; on lui
prodigua les soins les plus empressés, et lorqu'elle
entr'ouvrit la paupière, la vertueuse princesse, au
milieu des larmes de regret et de joie qui se ré-
pandaient à ses côtés, raconta tout ce qui lui était
arrivé.

Quand le perfide Golo, qui avait perdu la trace
des chiens, vint à paraître, on se précipita sur lui
et on voulait le tuer ; mais Sigefroy arrêta le bras
de ses chevaliers : « Qu'on le garde à vue, dit-il,
en attendant que nous ayons déterminé le supplice
qui lui doit être infligé. »

Le palatin voulait emmener avec lui sa femme
et son fils, mais elle s'y refusa, disent les anciens
écrivains ; elle prétendit que si la Vierge en qui
elle avait eu constamment recours l'avait protégée
des bêtes féroces en ce lieu d'exil, et envoyé une
bête fauve pour être la nourrice de son fils, elle ne
quitterait pas ce lieu avant qu'il ne fût consacré
en son honneur.

En vain, Sigefroy, au nom de sa faiblesse, la
supplia-t-il d'ajourner la dédicace, en lui disant :
« Tu vis, ma chère Geneviève, je te retrouve, un
criminel tel que moi te fait-il donc horreur que tu
n'oses ni le suivre, ni le contempler que cette
terre ne soit consacrée ? Ne pourrais-je plus exister
à tes pieds, ne puis-je donc me livrer à la joie, pourquoi ton âme me refuse-t-elle encore le bonheur ? »
Geneviève fut inflexible.

Alors, quatre des plus forts valets du comte
furent à l'instant dépêchés au château pour aller
chercher une litterie et des habits, tandis que deux
chevaliers partirent immédiatement en ambassade
auprès de l'archevêque Hidulphe pour lui demander la consécration de la retraite de Geneviève.
Quand il fut instruit des détails de cette merveilleuse aventure, le saint prélat fut rempli de joie et
vint en toute diligence consacrer cette retraite en
l'honneur de la sainte et indivisible Trinité et de
la Vierge Marie. Cette cérémonie terminée, Geneviève, à qui l'on avait apporté des vêtements, s'ha-
billa d'une manière convenable à son haut rang.
Comme on était obligé de faire un grand détour
pour apporter la chaise à porteurs, les valets for-
mèrent un brancard avec de fortes branches de sa-
pin. Le comte y étendit des tapis sur lesquels il
plaça Geneviève et Benoni. Quand on eut marché

ne lieue, ceux qui étaient allés au château revin-
ent accompagnés de tous les domestiques, qui ne
urent dire un seul mot à leur bonne maitresse
nt la joie les possédait absolument.

Quelques instants après, dit encore Matthias
mmich, deux pêcheurs s'avancèrent vers le pa-
tin, et lui présentèrent un poisson d'une mon-
rueuse grandeur, dans les entrailles duquel on
ouva une bague que Sigefroy reconnut être celle
ême que Geneviève avait jetée dans la rivière
rs de son entrée dans la forêt. Cette aventure
erveilleuse causa une nouvelle admiration dans
us les assistants et surtout dans l'esprit du comte,
quel ne pouvait se lasser de bénir la justice di-
ne si intelligiblement en faveur de Geneviève.
out le cortége se rangea gaiement au côté de la
mtesse et de Benoni dont la biche nourricière ne
ulut pas se séparer. Dès qu'ils eurent quitté la
rêt, une foule de gens de toute condition vinrent
eur rencontre de toutes les contrées environnantes,
escortèrent l'heureuse comtesse jusqu'au château
son époux, tous la saluèrent avec des acclamations
allégresse mêlées de larmes d'attendrissement.
Une fête brillante rassembla tous les parents et
nis de Sigefroy.
Il n'y en eut aucun qui ne rendît au ciel de sin-
res actions de grâces, des moyens pleins de mer-
illes dont il s'était servi pour leur faire retrouver
ur bonne parente. Les uns complimentaient et
mbrassaient la mère, les autres étaient toujours
llés aux joues de l'enfant, ou occupés à le ques-
onner. Rien ne fût oublié de tout ce qui pou-
it accroitre le plaisir de cette heureuse recon-
issance dont la solennité dura une semaine
ut entière...... Il n'y eut qu'une seule chose qui

rembrunit tant soit peu la joie commune, ce fut de voir que la comtesse ne pouvait goûter ni chair ni poisson. Tout ce qu'on put faire supporter à son estomac, ce furent quelques herbes et quelques racines un peu mieux accommodées qu'elle ne les mangeait dans sa solitude.

Huit jours s'étant ainsi écoulés dans les délices, le palatin commanda qu'on tirât de prison Golo. Il parut devant la princesse même et toute la noblesse rassemblée. Alors toutes les frayeurs d'une mauvaise conscience saisirent ce misérable d'une manière horrible! Les artifices ne servaient plus de rien : il n'était plus possible de nier un forfait contre lequel déposaient tant de preuves accablantes. Concevoir l'espérance du pardon lui semble presque un nouveau péché ; l'image des plus affreux tourments le fait transir : point de pensée de salut que le souvenir de son offense ne traverse, tout lui parle de gibets, de potences, de roues, de chevalets, de peignes de fer. Enfin, n'ayant pas même osé lever la vue sur celle qu'il avait autrefois si indignement traitée, il tomba affaissé sous le poids de ses remords à genoux.... Ce fut dans cette attitude du crime enfin abattu sous le poids de la vengeance céleste que Sigefroy, tout écumant de colère, et tonnant d'épouvantables menaces, condamna ce méchant serviteur à mourir.

Le lecteur s'attend sans doute à ne pas voir la bonté de Geneviève tenir contre un tel spectacle ; sans doute il se persuade que celle qui jadis pardonna si généreusement à son assassin, daignera au moins dans la circonstance actuelle abaisser sur lui un regard de miséricorde...... Geneviève fit plus, elle essaya de couvrir ce grand coupable de toute sa protection.

« Monsieur (dit au comte cette excellente femme, qui ne pouvait envisager aucun être souffrant sans être émue jusqu'au fond du cœur), si les bons succès pouvaient justifier les mauvaises actions, je trouverais dans le crime même de ce malheureux quelque sujet de vous demander la révocation de l'arrêt que vous venez de rendre contre lui, puisque son attentat m'a procuré les plus grands biens; mais ses procédés à mon égard ont été si pleins d'atrocité et d'injustice, que je n'oserais faire parler cette raison en sa faveur... C'est donc à votre clémence seule et à votre amitié pour moi que j'en appelle ; c'est là que je vous supplie d'aller chercher quelque motif de lui faire grâce ; car enfin, mon cher Sigefroy, il faut qu'il l'obtienne cette grâce dont il a si grand besoin, il faut qu'il l'obtienne...... C'est moi plus que personne qu'il a offensée, vous le savez ; c'est donc à moi plus qu'à personne qu'il appartient de prononcer en cette affaire.... Si vous dites que les injures qu'on m'a faites sont aussi les vôtres, à la bonne heure ; mais il me semble équitable que, voulant entrer dans mes intérêts, vous entriez également dans mes désirs. Or, comme il n'est rien au monde que je souhaite davantage que la vie de Golo, je vous conjure de me l'accorder sans délai et sans restriction aucune... Quoi, cher époux, voudriez-vous m'enlever le bonheur de me vaincre dans la plus belle occasion qui puisse jamais s'offrir, et de pouvoir un jour présenter à mon Dieu, au Dieu de toute compassion, en contre-poids de mes nombreuses iniquités, le sacrifice de quelques sentiments trop naturels immolés à ceux de la grâce ? Ah ! le peu de vertu que j'ai est en lui-même si peu

« de chose, permettez au moins que, pour la première
« fois, j'aie quelque sujet d'être contente de moi...
« Laissez entre les mains de sa propre conscience
« celui qui s'était fait gratuitement notre ennemi :
« c'est le bourreau le plus terrible auquel vous
« puissiez le livrer... En un mot, mon cher Sige-
« froy, je veux que Golo vive, et qu'il doive le bien-
« fait de l'existence, si elle peut désormais en être
« un pour lui, aux larmes bien sincères que je ré-
« pands sur son triste sort. »

Ce discours pathétique, renforcé encore de tout
ce que la circonstance où il fut prononcé pouvait y
ajouter d'intérêt, était bien capable de désarmer entièrement le palatin. Mais Dieu, qui est aussi juste
que miséricordieux, et qui voulait pour ce coup
faire un exemple aux hommes, roidit l'esprit du
comte contre toute supplication, et permit que
Golo lui-même devînt son propre accusateur.

Ce pauvre criminel fut tellement touché de la re-
quête de Geneviève que, ranimant tout son courage,
il s'écria d'une voix ferme qu'entrecoupaient par
intervalle mille soupirs : « Ah ! c'est maintenant
« mieux que jamais, madame, que je découvre toute
« la bonté de votre cœur et toute la malice du
« mien !.. Hélas ! qui eût osé espérer que celle à
« qui j'ai voulu arracher tout à la fois l'honneur et
« la vie, daignerait s'intéresser à mon salut et pren-
« dre ma défense ?... Misérable Golo, c'est à cette
« heure que tu dois sentir combien tu es indigne de
« jouir de la lumière du jour !.. Non, non, ma bonne
« maîtresse, mes regrets, quelque vifs qu'ils puis-
« sent être, ne sont point capables d'expier digne-
« ment mon offense ! Mon crime ne mérite aucune
« grâce, puisqu'il n'a eu aucun prétexte. Faites
« donc taire votre bonté, qui ne pourrait que pro-

« longer mon supplice, et laissez-moi mourir!...
« Tout ce que je réclame en périssant, ma chère et
« bonne maîtresse, c'est que mon forfait ne vive
« plus dans votre mémoire ; que vous priiez Dieu
« pour mon âme, et que ma mort serve d'exemple
« aux méchants serviteurs qui seraient tentés d'a-
« buser, comme je l'ai fait, de leur autorité pour
« manquer contre leur devoir!... » Comme il
achevait ces mots, ou, parler plus convenablement,
ces sanglots, ses yeux versèrent tant de larmes
qu'on crut qu'il allait expirer aux pieds de la comtesse.

En vain Geneviève intercéda-t-elle auprès du
comte son époux pour obtenir la grâce de ce misérable, Sigefroy fut inexorable. Golo lui-même,
étonné de la bonté et de la vertu de sa noble victime, demanda à grands cris qu'on avançât l'heure
de son supplice pour l'arracher à ses remords. Le
palatin décida qu'on prendrait quatre de ces bœufs
sauvages que nourrit la Forêt-Noire ; que chacun
d'eux serait attaché à l'une des extrémités du corps
de Golo, deux aux pieds et deux aux mains, et
qu'on abandonnerait le coupable à leur fureur.
Lorsqu'ils eurent été liés ainsi, chacun tira de son
côté, et, de cette manière, dans un instant c'en fut
fait du criminel. Dès le premier effort que firent
ces furieux animaux, ses membres furent séparés
du tronc... Ses infâmes restes furent ensuite jetés
à la voirie où ils servirent de pâture aux corbeaux.

Dieu, par un juste châtiment, permettant que le
corps d'un si méchant homme fût aussi mal logé
après sa mort, que son âme l'avait été durant sa vie.

Voilà le châtiment d'un scélérat qui ne fut malheureux que par trop de bonheur! Voilà les fruits
ordinaires que produit la méchanceté! Voilà les

précipices où une méchante passion nous porte!..
Si nous cherchons quel fut le premier pas qui l
conduisit à sa perte, nous trouverons que c'était dan
l'autorité despotique qu'il s'était acquise dans l
maison de son maître; le second, une liberté tro
grande de regarder ce qu'il ne devait pas desi
rer, et, le troisième, un amour honteux dont il né
gligea d'arrêter les impétueuses saillies, d'où pro
cédèrent successivement une demande effrontée
des poursuites sans succès, une haine envenimée
une calomnie horrible, et, finalement, un supplic
sans miséricorde. Oh! que les triomphes du vic
sont courts et que l'homme n'a guère d'intérêt à êtr
méchant!

La palatine pria Sigefroy de faire ériger une cha
pelle dans le lieu qu'elle avait habité près de sep
ans, et de la doter de biens héréditaires. Il y con
sentit volontiers, et récompensa, en proportion de
services qu'ils avaient rendus à la comtesse, tou
ceux qui lui avaient été favorables. Cette pauvr
Berthe, qui avait pris pitié de Geneviève et lui avai
fourni les moyens d'écrire, eut une part toute spé
ciale dans ses bienfaits. Deux des serviteurs qu
étaient censés lui avoir donné la vie pour ne pas la lu
avoir ôtée, l'un était mort depuis deux ans; l'autr
recueillit tous les effets de la reconnaissance qu
montrait cette bonne action. Il n'y eut personn
dans le château, de tous ceux qui aimaient la vertu
qui ne fût amplement dédommagé de ses peine
passées.

Mais de tous, ce fut le petit Benoni qui trouv
le plus d'avantage dans son changement de fortune

Des affreuses privations auxquelles il avait ét
condamné dans la solitude, lui firent mieux goûte
les douceurs de tout genre qui affluaient dans l

maison de son père. Plus il avait été misérable, plus il eut lieu d'être heureux et content... Cependant, au milieu de ces jouissances si nouvelles pour lui, il ne prit pas le plaisir tellement à cœur qu'il ne donnât ses principaux soins à l'acquisition de toutes les bonnes qualités dont la vraie noblesse doit se montrer jalouse de relever son mérite. On ne remarquait rien de bas dans ses sentiments pour avoir été élevé dans la pauvreté, rien de farouche dans son caractère pour avoir été nourri au milieu des bêtes fauves... Son père et sa mère prenaient un singulier plaisir à considérer le développement journalier de ses inclinations généreuses et n'oubliaient rien pour les féconder de plus en plus par de saintes instructions; mais le comtesse n'eut pas la satisfaction de voir dans leur maturité les fruits de justice et de salut qu'elle avait fait éclore dans cet aimable enfant! Vous comprenez que je dise que Geneviève avait couronné la dose de forces que l'Eternel déverse à toute créature. Dieu ne voulant pas honorer le monde plus longtemps de la présence de cette vertueuse femme, résolut de l'appeler à lui pour lui rendre enfin le prix de sa longue patience, mais ce ne fut qu'après lui en avoir donné avis... Un jour qu'elle était en oraison, dit la légende, il lui sembla voir une troupe de vierges, parmi lesquelles la mère de Dieu tenait le premier rang. Toutes portaient à la main des palmes et des fleurs, excepté Marie qui portait une couronne composée de toutes sortes de pierres précieuses qu'elle semblait lui offrir.

La comtesse entendit fort bien ce que signifiait cette vision, et elle en reçut une joie incroyable. Cependant elle n'en voulut rien dire à Sigefroy, crainte de l'attrister... Mais, ce qu'elle voulait lui

cacher par mesure de ménagement et de prudence,
la maladie, moins discrète, vint lē lui apprendre
quelques jours après. Ce fut une petite fièvre qui
saisit Geneviève, et qui, en lui donnant à elle-même
une expression plus nette de sa révélation, plongea
du même coup le palatin dans une douleur inexprimable... « Hélas! (s'écria en soupirant cet époux
malheureux), faut il donc que je perde sitôt un trésor que j'ai si peu possédé!... Il est vrai, mon Dieu,
que j'étais parfaitement indigne de le recouvrer jamais; mais puisque vous me l'avez rendu dans votre miséricorde, pourquoi, Seigneur, m'avoir enlevé
la consolation d'en jouir plus longtemps?... Geneviève, ma pauvre Geneviève, ah! tu n'as presque
pour moi que passé de dessous le coutelas de ton
bourreau sous la faulx du trépas. »

Le comte avait à peine achevé ces mots, qu'un
long évanouissement ôta tout sentiment à sa digne
épouse. Etendue sur son lit funèbre, sans vigueur et
sans mouvement, les yeux éteints, les lèvres déco-
lorées, les joues froides et livides, on la crut morte.
Néanmoins, au bout de quelque temps, elle revint
à elle, et alors l'espérance de la rendre à la vie re-
parut sur le visage de tous ceux qui entouraient
cette couche où reposait la malheureuse comtesse.
Mais c'est en vain qu'on se flatte: il faut partir,
Dieu le veut. L'estomac de Geneviève, qui ne peut
souffrir que des herbes et des racines, nourrit sa
fièvre et avance sa fin. Tout ce qu'elle put faire, ce
fut de rappeler sommairement à Benoni les grands
principes qu'elle lui avait inculqués dès sa plus tendre enfance, et de lui donner sa bénédiction, après
quoi elle adressa au palatin ces tristes adieux capables d'émouvoir les cœurs les moins sensibles:

« Voici l'heure, mon cher Sigefroy, où Geneviève

va mourir ! Soumettons-nous à cet arrêt plein de grâce, et louons celui qui ne prête ici-bas à l'homme la vie que pour un temps. Vos larmes pourraient me donner du regret de quitter ce malheureux monde dont j'ai essuyé tous les maux . séchez donc vos pleurs, cher époux, et je m'en irai contente... Si la mort me donnait quelque répit, je vous ferais voir, par le peu de valeur de celle que vous perdez, combien vous avez peu sujet de déplorer votre perte. Mais puisque les moments pressent et qu'il ne me reste que quelques soupirs , je n'ai que ces mots à vous dire , Sigefroy : *Pleurez autant que je le mérite, et vous ne pleurerez pas beaucoup !...* L'homme et la femme ne faisant qu'un tout sur la terre, heureux les époux qui vivent de manière à n'être pas désunis au delà de la tombe ! O mon ami , c'est la première faveur qu'en entrant dans l'éternité , je vais demander à Dieu pour vous !... Adieu jusqu'à cette éternité, ô vous qui possédâtes toutes mes affections ! Oubliez bien vite, je le répète, ce peu de cendres que j'abandonne à la pourriture et aux vers ; c'est mon dernier vœu ; mais ayez bien soin de Benoni ! »

Après ces languissantes paroles , tout ce que sa faiblesse lui permit, ce fut de recevoir les derniers sacrements. A peine eut- elle communié qu'arrêtant ses yeux au ciel où était déjà son cœur, elle exhala sa belle âme dans un soupir d'amour. Ce fut le second jour d'avril de la même année de sa délivrance.

Benoni n'eut pas plutôt vu morts les membres de sa mère, qu'il se jeta sur son lit et éclata en cris si aigus, qu'ils perçaient le cœur de tous les assistants. Quelques représentations qu'on lui fit , il fut impossible de le tirer de la chambre et d'arrêter ses sanglots... D'un autre côté, Sigefroy était à genoux, tenant les mains de sa chère femme qu'il arrosait de ses larmes. Tous les domestiques étaient à l'entour comme autant de statues de marbre que la douleur avait transformées.

Lorsqu'il fallut rendre à la terre ce que l'âme de Geneviève lui avait laissé, on trouva le saint corps revêtu d'une haire si rude, que toute seule elle eût été capable d'altérer une santé beaucoup moins délicate que celle de la princesse. Les lamentations recommencèrent alors d'une manière encore plus vive, et devinrent générales dans toute la contrée. Partout on trouvait quelqu'un fondant en pleurs ; partout on n'entendait que plaintes, gémissements et soupirs ; tout le monde regrettait celle que Dieu venait de rappeler à lui, après avoir tant souffert, tant aimé, et mériter les joies d'un monde meilleur,

Sigefroy, suivant sa promesse, éleva à l'endroit indiqué une chapelle dédiée à la Vierge et y fit ensevelir son épouse chérie avec toutes les marques d'une violente douleur. Saint Hidolphe consacra la chapelle et y attacha des indulgences de quarante jours. Le regret de la perte du palatin ne fut pas si particulier aux hommes qu'il ne se communiquât même jusqu'aux bêtes... La pauvre biche, qui avait servi si fidèlement la comtesse durant sa vie, lui témoigna encore plus d'amour à son décès ; elle suivit la bière de Geneviève en bramant d'une voix lugubre et tristement prolongée ; elle refusa ensuite de retourner au château et demeura à la porte de l'église où étaient déposés les restes de la princesse en refusant de prendre la moindre nourriture, et y fut trouvée morte de faim trois jours après. Le comte, en apprenant ce vrai exemple de fidélité, en fut si touché, que, pour en perpétuer la mémoire, il fit tailler cette biche en marbre blanc, et la mit sur le tombeau de son épouse.

Le deuil du palatin n'était pas de ces tristesses factices si communes aujourd'hui, dans lesquelles, pour sauver les apparences, on s'étudie à sangloter avec méthode, tandis que l'on jubile souvent au fond du cœur. Son chagrin venait de l'âme et de la conviction intime où il était, qu'il n'avait plus de bonheur à espérer dans cette vie. Rien ne pouvait adoucir la plaie ni le tirer de la sombre mélancolie où il était plongé. On avait beau lui dire que la nature était satisfaite et qu'il était temps enfin d'écouter la raison · les remèdes qu'on voulait apporter à ses peines semblaient les aigrir encore davantage. Tout lui rappelait Geneviève, et lui, à son tour, parlait à tout ce qui lui avait appartenu, comme si ces objets insensibles eussent été capables de l'entendre. « Voilà le lit de ma pauvre femme (disait-il), voilà son miroir, voilà son portrait : hélas ! mon Dieu, c'est donc pour jamais tout ce qui m'en reste ! » Puis il commençait ses complaintes, ou rentrait soudain dans le plus morne silence.

Une après-dinée qu'il était dans ses rêveries ordinaires, un page vint lui dire qu'un ermite demandait le couvert !... Le comte, qui n'avait pas coutume de fermer sa porte aux œuvres de miséricorde, fut bien aise de rencontrer l'occasion d'en exercer une. Il recommanda qu'on reçût affablement l'homme de Dieu, et l'on peut croire que cette réception charitable fut comme le nœud de sa prédestination, l'instant de la grâce, le moment enfin où le Seigneur l'attendait pour l'attirer entièrement à lui.

Quand le souper fut prêt Sigefroy, qui était fort éloigné de prendre les gens sur enveloppe et de mépriser le mérite en haillons, fit asseoir le solitaire au haut de la table, et laissa aux autres convives le soin de placer chacun selon sa qualité ou selon les prétentions de son orgueil.

D'abord la conversation roula sur des choses assez indifférentes, auxquelles le palatin ne prit aucune part ; mais peu à peu l'entretien tomba sur les misères de ce monde et sur les amertumes qui sont toujours mêlées à ses plus grands délices.

Notre religieux, qui avait remarqué dès le commencement du repas que le comte ne mangeait point, s'aperçut ici qu'il dévorait en secret quelques sanglots et qu'il essuyait par intervalle des pleurs qui coulaient de ses yeux. Il n'osa pas du premier coup lui demander la cause de ses déplaisirs ; mais adroitement et par degrés il l'amena au point de s'expliquer lui-même sur sa lamentable histoire.

Lorsque le palatin en eut fait le récit, il termina en ces termes : « Eh bien ! mon père, peut-on trouver mauvais qu'une perte si terrible me désole? Irréparable comme elle est, n'ai-je pas sujet de verser des larmes éternelles? — Monsieur, répondit le solitaire, à Dieu ne plaise que je fasse jamais consister la vertu dans l'apathie et l'insensibilité! Pleurer est un des plus nobles attributs de l'homme : seul entre les créatures, il jouit de cet honorable privilége. Je vous avouerai même que je ne peux m'empêcher de concevoir une opinion très-défavorable de celui qui, mentant à la nature, ose mettre sa gloire à ne jamais s'attendrir. Ce serait , à mon avis, la gloire du tigre, si cette bête féroce était susceptible d'orgueil! Sentez donc votre malheur, l'humanité le veut et la religion vous y autorise. La foi ne nous défend pas de nous plaindre; elle nous défend seulement de murmurer... Mais combien y a-t-il donc que madame est décédée? — Il y a six mois, dit le palatin. — Six mois! reprit l'ermite. Permettez-moi, cela étant, de vous observer que votre deuil est trop long. Il y a de l'excès quand les larmes vont jusque-là. — Ah! mon père, repartit le comte, cela serait vrai, si j'avais fait une perte commune! mais ayant perdu en Geneviève une femme et une femme pieuse et dévouée, et cela par mon imprudence, puis-je jamais trop déplorer une telle infortune? — C'est cette raison-là même, poursuivit le religieux, qui doit plus que toute autre mettre l'appareil sur vos maux et essuyer enfin vos pleurs! Vous avez perdu une femme, dites-vous; mais, Monsieur, l'aviez-vous reçue du ciel sous promesse de toujours la posséder?... La mort vous a ravi une digne épouse; mais à quel droit et sous quel clause vous en avait été accordée la jouissance? L'homme, vous le savez, n'est pas fait pour durer éternellement ici-bas : à quel titre exigeriez-vous donc que votre épouse eût eu sur la terre un avantage qui n'appartient qu'aux esprits? De quel côté que nous jetions les yeux, nous ne voyons partout que des tombeaux et des cendres! Naissons dans la pourpre ou sous le chaume, habitons dans des palais ou demeurons dans des foyers rustiques, tout est égal au trépas : il nous trouve aisément, quelque part que nous soyons, et il fauche sans distinction tout ce qui tombe sous sa main. Il ne sait ce que c'est que trône, sceptre, couronne, puissance, beauté, richesse, ni cette foule de qualités et de hochets qui, dans la société, mettent de si grands intervalles entre les diverses conditions. Il ne voit dans nous tous que ses tributaires, et partout où il rencontre ses victimes, il est en droit de s'en saisir, sans avoir même préalablement fait informer contre elles. C'est à nous de nous tenir toujours prêts à partir quand il l'ordonne ; et, s'il nous semble venir quelquefois prématurément, c'est de nous et non de lui que nous avons à nous plaindre ; c'est nous qui sommes dans le tort... Ne vous étonnez donc plus, Sigefroy, de ce que madame n'a vécu que ce qu'elle devait vivre, et bénissez Dieu qui a toujours ses raisons pour agir comme il fait ! Qui vous a assuré que votre digne épouse, qui avait si bien rempli sa carrière, en eût également bien fourni une nouvelle ? Sa piété et ses vertus étaient bien étayées, sans doute, mais elles n'étaient pourtant pas inébranlables. Chargée de mérites, elle eût pu à la fin succomber sous le faix. Plus ses trésors spirituels étaient grands, plus elle avait à craindre cet implacable ennemi des justes, qui ne se plaît qu'à semer des piéges sur la route du salut pour accroître le nombre des prévaricateurs. Que savez-vous si Dieu, qui n'a de pensées, lui, que pour le bien de ses créatures, en retranchant à l'objet de vos regrets quelques années de vie, ne lui a point ôté par-là l'occasion de souiller la gloire de ses premières œuvres ? Croyez-moi, Monsieur, le vice et la vertu se suivent comme le jour et la nuit, et souvent l'on n'est jamais plus près de sa ruine que lorsqu'on se croit invariablement affermi dans la grâce... C'est ce que Geneviève elle-même vous dirait, si vous pouviez l'entendre. A coup sûr elle vous reprocherait de pleurer son bonheur ! Son exactitude à se conformer aux volontés d'en haut, tandis qu'elle fut sur la terre, vous laisse un modèle sublime à imiter... Reprenez donc votre sérénité accoutumée et votre première paix. Cherchez dans d'honnêtes divertissements quelque allégement à vos ennuis. Mais surtout, cette consolation dont vous avez si grand besoin, cherchez-la dans Dieu, véritable centre de nos cœurs. »

Le palatin ne laissa pas échapper un seul mot de ce discours. Ce fut pour lui un lénitif salutaire qui calma enfin ses chagrins et qui rendit à son âme abattue quelque goût pour ses anciens passe-temps. La vénerie et la chasse surtout eurent pour lui de nouveaux charmes, et cet exercice innocent qu'il prenait de temps à autre avec quelques amis, fut le moyen même qu'employa, pour l'attacher entièrement à son service, comme nous l'allons dire, celui qui tourne à son gré nos volontés et nos in-clinations.

Un jour, dit le R. P. Cerisiers, qu'il était à la poursuite d'un grand cerf qu'on avait reconnu à ses foulées, cet animal, dans sa fuite, l'attira si avant dans les bois qu'il le conduisit juste à la grotte où la comtesse avait passé près de sept ans.

Le désir d'atteindre sa proie le transporta de telle sorte qu'il ne fit d'abord aucune attention à cet antre, dans lequel la bête avait cherché un asile et où elle était acculée au milieu des chiens qui n'o-saient l'approcher... Il les pousse, il les presse ; il tâche de les animer de son cri ; mais c'est en vain ; on dirait que quelque main invisible les retient dés qu'ils veulent s'élancer.

Surpris de cette aventure, il descend de cheval et entre librement dans ce lieu mystérieux pour y frapper le cerf. Mais, ô merveille, en mettant le pied dans la caverne il y reconnaît les traces encore récentes du séjour de sa femme. Dès lors, il perd de vue tout autre objet, et des larmes abondantes roulèrent derechef de ses yeux.

« Ah ! s'écria-t-il, voici où ma pauvre Geneviève a fait une si rude pénitence d'une faute qu'elle

« n'avait point commise; voilà les lieux où l'inno-
« cence a tant soupiré ! Voilà l'endroit où ses pau-
« vres membres reposaient, et je suis encore à dé-
« libérer sur un parti que je devrais avoir pris il y
« a longtemps !... Non ! c'en est fait, mon Dieu, je
« ne veux plus différer davantage ; dès demain, je
« veux venir habiter cette enceinte, et ne plus
« m'occuper désormais que du soin de mon éter-
« nité ! » Comme il achevait ces mots, la plupart
des gens de sa suite arrivèrent.

Le comte ne voulut pas que cette grotte fût souil-
lée du sang de la paisible bête qui y avait cherché
abri et protection. Il fit aussitôt mettre ses chiens
en lesse, et, sans rien dire de son dessein à personne, il retourna sur-le-champ au château pour
aviser aux moyens d'exécuter sans délai le projet
qu'il avait en tête.

Avant de rien entreprendre néanmoins, il crut
prudent d'aller à Trèves consulter saint Hidulphe
qui vivait encore, et il eut le bonheur de trouver ce
digne prélat dans des dispositions absolument con-
formes à ses vues.

Dès le jour donc qui suivit cette conférence, il fit
jeter les fondements d'une chapelle magnifique
dans l'endroit même où la comtesse avait si saintement vécu. Il fit construire, en outre, deux ou trois
petites cellules tout à côté de ce superbe oratoire ;
et, lorsque tous ces ouvrages furent achevés, il pria
le vénérable archevêque d'en venir faire la consécration.

Saint Hidulphe se prêta d'autant plus volontiers
à ses désirs qu'il apercevait évidemment le doigt de
Dieu dans la conversion du palatin. Il alla avec son
clergé bénir cette terre déjà sanctifiée.

La cérémonie se fit avec une pompe sans égale,

et, en reconnaissance des grâces toutes particulières que le ciel avait répandues sur cette grotte, l'église fut dédiée à la Vierge, sous le titre distinctif de *Notre-Dame-de-Mersen*, qui signifiait, en vieux langage du pays, *Notre-Dame-de-Miséricorde*.

Suivant le récit légendaire et les anciennes chroniques, la croix miraculeuse que Geneviève avait reçue de la main des anges fut placée sur le grand autel, ses restes à elle-même y furent transportés en grande solennité, et rendirent, sur la route, la vue à un aveugle et la parole à un muet; après quoi le palatin ne pensa plus qu'à venir s'enfermer dans cette retraite où étaient déjà son trésor et son cœur.

A peine fut-il de retour au logis qu'il appela dans son cabinet son frère avec Benoni, et il leur tint ce discours : « Il y a déjà plusieurs mois que vous avez
« dû remarquer au changement de mes occupations
« celui de mes goûts et de mes affections. Le temps
« est venu de m'ouvrir plus clairement à quelqu'un
« sur ce sujet, et, par inclination comme par de-
« voir, c'est à vous que je me sens porté d'en faire
« la confidence. Vous avez vu et partagé une par-
« tie de mes maux avec toute la tendresse que je
« pouvais attendre d'un bon frère ; il me reste un
« dernier service à réclamer de vous, c'est que vous
« veuillez bien vous résoudre à vous charger de la
« tutelle de mon fils. Ma résolution est de donner
« ce qui me reste de vie au service de Dieu, dans
« le même endroit où toute notre maison a reçu
« tant de faveurs ; ainsi, j'ordonne à Benoni de
« vous respecter désormais comme son père, de
« vous obéir comme il l'eût fait à moi-même, d'être,
« en un mot, votre consolation et votre joie en tout.
« Toute représentation serait entièrement inutile,

« ainsi je vous supplie de ne m'en faire aucune. Ce
« n'a point été à la légère que je me suis décidé à
« ce parti, j'y ai donné toute la réflexion qu'une
« pareille démarche mérite, et je ne veux pas qu'un
« seul instant désormais en retarde l'exécution.
« Voilà, mon très-cher frère, l'acte de tutelle en
« bonne forme et les papiers qui vous donneront
« connaissance de mes affaires. »

Le frère du palatin ne s'attendait pas à cette déclaration, et elle le surprit étrangement ; mais elle
n'étonna pas autant Benoni, qui se sentait un pen-
chant marqué pour le genre de vie que voulait em-
brasser son père. « Cher père, lui dit-il en lui sau-
« tant au cou, je suis trop jeune pour vous donner
« des conseils sur ce qui peut ou ne peut pas vous
« convenir, mais je suis assez vieux pour sentir que
« je ne peux que gagner beaucoup à vous suivre
« dans le projet que vous méditez ! J'ai déjà bientôt
« huit ans, et depuis longtemps je sais que l'acqui-
« sition éternelle du ciel vaut incomparablement
« mieux que la jouissance momentanée d'un petit
« coin de terre. Puisqu'il est en mon pouvoir de
« faire le même choix que vous faites, je serais un
« ignorant si j'acceptais les possessions que vous
« m'offrez, fussent-elles mille fois plus considéra-
« bles encore. Non, non, mon père, je ne vivrai
« jamais autre part qu'auprès de vous, par amitié
« d'abord, et puis par l'expérience que m'a donné
« des avantages de la profession érémitique le no-
« viciat que j'ai déjà fait dans la solitude... Mon
« oncle, jouissez librement de nos biens comme
» vous appartenant tous. Je vous les laisse d'aussi
« franche volonté que je vous remercie sincèrement
« des soins que votre bon cœur vous eût engagé à
« prendre de moi !... Allons, mon très-cher père,

« allons mériter de voir un jour maman dans un
« monde meilleur où elle nous attend, et d'où elle
« nous appelle. »

Sigefroy, qui n'espérait pas un si favorable succès, serra tendrement contre son cœur cet enfant incomparable et ne jugea pas convenable de rejeter sa prière qu'il crut lui avoir été inspirée d'en haut. Il lui fit faire sur-le-champ un petit habit d'ermite comme il en avait un pour lui-même, et, sans plus faire un seul pas pour le riche héritage qu'ils laissaient dans le monde, ils s'en furent tous deux dans la grotte qui nous est si connue, et où les animaux qui s'étaient apprivoisés avec Benoni le vinrent bientôt reconnaître. Tous les deux, père et fils, y pleurèrent ensemble pendant de longues années la perte de celle qui les attendait au ciel, seule et dernière patrie ouverte aux affligés de ce bas-monde.

CANTIQUE

DE

GENEVIÈVE DE BRABANT,

Approchez-vous, honorable assistance,
Pour entendre réciter en ce lieu
L'innocence reconnue et patience
De Geneviève, très-aimée de Dieu ;
Etant comtesse de grande noblesse,
Née du Brabant était assurément.

Geneviève fut nommée au baptême ;
Ses père et mère l'aimaient tendrement ;
La solitude prenait d'elle-même,
Donnant son cœur au Sauveur tout-puissant ;
Ses grands mérites firent qu'à la suite,
A dix-huit ans fut mariée richement.

En peu de temps s'éleva grande guerre.
Son mari, seigneur du Palatinat,
Fut obligé, pour son honneur et gloire,
De quitter la comtesse en cet état :
Etant enceinte d'un mois sans feinte,
Fit ses adieux ayant les larmes aux yeux.

Il a laissé son aimable comtesse
Entre les mains d'un méchant intendant.
Qui l'a voulu seduire par finesse,
Et l'honneur lui ravir subitement;
Mais cette dame, pleine de charmes,
N'y voulut consentir nullement.

Ce malheureux accusa sa maîtresse
D'avoir péché avec son écuyer;
Le serviteur fit mourir par adresse,
Et la comtesse fut emprisonnée ;
Chose assurée, e-t accouchée
Dans la prison d'un beau petit garçon.

Du pain, de l'eau étaient sa nourriture;
Grand Dieu! jugez son malheur inouï;
Aussi Geneviève, à ce que l'on assure,
Donne à son fils le nom de Benoni,
Qui voulait dire né sous l'empire
De la douleur; plaignons-les de tout cœur.

Le temps fini de toutes ces grandes guerres,
Ce seigneur s'en revint dans son pays.
Golo s'en fut au devant de son maître
Jusqu'à Strasbourg accomplir son désir;
Ce téméraire lui fit accroire
Qu'un adultère sa femme avait commis.

Le conduisant auprès d'une sorcière
Qu'il avait su gagner auparavant;
Elle lui fit cette vieille mégere,
Sur Geneviève un récit effrayant.
Par maléfice l'infâme glisse
Colère, effroi, au cœur de Sigefroy.

Etant troublé de chagrin dans son âme,
Il chargea Golo, ce tyran,
D'aller au plus tôt faire tuer sa femme

Et massacrer son petit innocent.
Ce méchant traître quitte son maître,
Va d'un grand cœur exercer sa fureur.

Ce bourreau, à Geneviève si tendre,
La dépouilla de ses habillements,
De vieux haillons la fit vêtir et prendre
Par deux valets fort rudes et très-puissants;
L'ont amenée, bien désolée,
Dans la forêt avec son cher enfant.

Geneviève approchant du supplice,
Dit à ses deux valets tout en pleurant;
Si vous voulez me rendre service,
Faites-moi mourir avec mon enfant;
Et sans remise je suis soumise
A votre volonté présentement.

La regardant, l'un dit : Qu'allons nous faire?
Quoi! un massacre! je n'en ferai rien,
Faire mourir notre bonne maîtresse,
Peut être un jour nous fera-t-elle du bien :
Sauvez-vous, dame, pleine de charmes,
Dans la forêt, qu'on ne vous voie jamais.

Celui qui a fait grâce à sa maîtresse, dit :
Je sais comment tromper Golo;
La langue d'un chien nous faut par finesse
Et la porter à ce cruel bourreau ;
Ce traître infâme, dedans son âme,
Dira : C'est celle de Geneviève au tombeau.

Alors, presto et sans plus de harangue,
Du pauvre chien d'un des deux serviteurs
Malgré ses cris on a coupé la langue;
Puis l'apportant à Golo, l'œil en pleurs,
Ils s'en vont dire : Nous avons, sire,
Au loin ce soir, bien fait notre devoir.

Mais Golo pris soudain de repentance,
Se leve et dit : Arrière, malheureux :
Venez-vous donc augmenter ma souffrance;
Je vous défends de paraître à mes yeux.
Que l'on me laisse : de la comtesse
Je ne veux pas connaître le trépas.

Au fond d'un bois, dedans une carrière,
Geneviève demeura pauvrement,
Etant sans pain, sans feu et sans lumière;
Ni compagnie que son très-cher enfant;
Mais l'assistance, qui la substante,
C'est le bon Dieu qui la garde en ce lieu.

Elle fut visitée d'une pauvre biche,
Qui tous les jours allaitait son enfant;
Tous les oiseaux chantent et la réjouissent,
L'accoutumant à leur aimable chant;
Les bêtes farouches près d'elle se couchent,
La divertissent elle et son cher enfant.

Voilà son mari qui est en grande peine,
Dans son château, consolé par Golo;
Ce n'est que jeux et festins qu'on lui mène;
Mais tous ces plaisirs sont mal-à-propos,
Car dans son âme, sa chère dame,
Pleure sans fin avec un grand chagrin.

Priant, pleurant, le désespoir dans l'âme,
La nuit, le jour, le comte Sigefroy
Disait : A mort j'ai condamné ma femme;
Mon Dieu, pitié; le remords est en moi.
Sans nulle trêve, de Geneviève
Le souvenir le réduit à gémir.

Jésus-Christ a découvert l'innocence
De Geneviève par sa grande bonté;
Chassant dans la forêt en diligence,
Le comte des chasseurs s'est écarté,
Après la biche qui est nourrice
De son enfant, qu'elle allaitait souvent.

La pauvre biche s'enfuit au plus vite
Dedans la grotte auprès de l'innocent;
Le comte aussitôt faisant sa poursuite,
Pour la tirer de ce lieu promptement,
Vit la figure d'une créature
Qui était nue auprès de son enfant.

Apercevant dedans ce lieu obscur
Une femme couverte de cheveux,
Lui demanda : Qui êtes-vous, créature?

Que faites-vous dans ce lieu ténébreux ?
Ma chère amie, je vous en prie,
Dites-moi donc, s'il vous plaît, votre nom.

Geneviève est mon nom d'assurance,
Née du Brabant où sont tous mes parents ;
Un grand seigneur m'épouse sans doutance,
Dans son pays m'emmena promptement ;
Je suis comtesse de grande noblesse,
Mais mon mari fait de moi grand mépris.

Il m'a laissée, étant d'un mois enceinte,
Entre les mains d'un méchant intendant,
Qui a voulu me séduire par contrainte,
Et me faire mourir semblablement ;
De rage felonne dit à deux hommes
De me tuer moi et mon cher enfant.

Le comte ému, reconnaissant sa femme,
Dedans ce lieu la regarde en pleurant :
Quoi ! est-ce vous, Geneviève, chère dame !
Que je pleure il y a si longtemps ?
Mon Dieu ! quelle grâce, dans cette place,
De rencontrer ma chère bien-aimée.

Ah ! que de joie ! au son de la trompette,
Voici venir la chasse et les chasseurs,
Qui reconnurent le comte, je proteste ;
A ses côtés, sa femme aussi son cœur ;
La femme, la biche, les chiens chérissent,
Les serviteurs rendent grâce au Seigneur.

Tous les oiseaux et les bêtes sauvages
Regrettent Geneviève par leur chant,
Pleurent et gémissent par leur doux ramage,
En chantant tous d'un ton fort languissant,
Pleurant la perte et la retraite
De Geneviève et de son cher enfant.

Ce grand seigneur, pour punir l'insolence
Et la perfidie du traître Golo,
Le fit juger par une très-juste sentence,
D'être écorché vif par un bourreau ;
A la voirie l'on certifie
Que son corps y fut jeté par morceaux.

Fort peu de temps notre illustre princesse
Resta vivante avec son cher mari.
Malgré les chères et les tendres caresses,
Elle ne pensait qu'au Sauveur Jésus-Christ;
Dans sa chère âme, remplie de flamme,
Elle priait Dieu tant le jour que la nuit.

Elle ne pouvait manger que des racines,
Dont elle s'était nourrie dedans le bois,
Ce qui fait que son mari se chagrine,
Offrant toujours des vœux au roi des rois,
Qui s'intéresse de sa princesse
Qui suivait si sincèrement ses lois.

Puissant seigneur, par amour je vous prie,
Et puisque aujourd'hui il faut nous quitter,
Que mon cher fils, ma douce compagnie,
Tienne toujours place à votre côte;
Que la souffrance de son enfance
Fasse preuve de ma fidélité.

Geneviève à ce moment rendit l'âme
Au roi des rois, notre Dieu tout-puissant;
Benoni, de tout son cœur et son âme,
Poussait des cris terribles et languissants,
Se jetant par terre lui et son père,
Se lamentant, pleurant amèrement.

Du ciel alors sortit une lumière,
Comme un rayon d'un soleil tout nouveau,
Dont la clarté dura la nuit entière;
Rien n'a paru au monde de plus beau.
Les pauvres et riches, jusqu'à la biche,
Tout suit Geneviève au tombeau.

Pour conserver à jamais l'innocence
De Geneviève accusée par Golo,
La pauvre biche veut, par ses souffrances,
Le prouver par un miracle nouveau:
Puisqu'elle est morte, quoiqu'on lui porte,
Sans boire ni manger sur le tombeau.

FIN DE GENEVIÈVE DE BRABANT.

AVENTURES
D'ANGÈLE DE MONTFORT
EN PALESTINE
Episode de la guerre des Croisades.

Grâce aux divisions des chrétiens d'Orient et d'Occident, les hordes musulmanes avaient reconquis pied à pied le territoire sacré de la Palestine. Seul, le saint roi Louis IX, de France, gémissait des outrages infligés au tombeau du Sauveur, dans Jérusalem. Aussi, malgré les instances de sa mère et des grands de son royaume, ne tarda-t-il pas à prendre la croix pour accomplir le pieux pèlerinage. Le 28 août 1248, trente-huit gros navires et une multitude de petites nefs levèrent l'ancre dans le port d'Aigues-Mortes, portant le roi, la reine Marguerite sa femme, et un grand nombre de hauts barons français accourus à l'appel de leur suzerain.

Parmi les nobles dames et damoiselles attachées au service de la reine, on remarquait une jeune fille de vingt ans à peine et de la plus rare beauté. Angèle, c'est ainsi qu'on la nommait, était l'unique enfant du vieux comte de Montfort, qu'une blessure récente avait seule empêché de suivre le roi, et qui se désespérait de languir dans son vieux manoir, pendant que les gentilshommes de France allaient se mesurer avec les mécréants. Au moment du départ, il avait béni sa fille chérie, tandis qu'il donnait une franche accolade au comte Raymond, armé chevalier depuis peu, et qui allait faire ses premières armes contre les Sarrasins. Ce jeune homme était, depuis son enfance, fiancé à Angèle, pour laquelle il éprouvait la passion la plus profonde; de sorte que son visage rayonnait d'enthousiasme et de joie, en songeant qu'il allait pouvoir se distinguer sous les yeux de sa bien-aimée.

La flotte, après avoir fait un assez long séjour à l'île de Chypre, aperçut la terre africaine le 3 juin 1249, et, le lendemain, 4, les croisés débarquèrent malgré les efforts des musulmans, accourus en masse sur le rivage dans l'espoir de jeter leurs ennemis à la mer. Saint Louis se dirigea aussitôt vers la ville de Damiette qui lui ouvrit ses portes sans résistance. Les débuts de l'expédition étaient, comme on le voit, des plus heureux, mais la fatalité voulut que les Français ne profitassent pas de leurs premiers succès, et laissassent s'écouler dans l'inaction un temps précieux qui permit à leurs adversaires de réorganiser une armée formidable. Enfin, le 16 novembre, saint Louis donna l'ordre du départ et l'on se précipita à la poursuite des Égyptiens retranchés derrière le Nil sous le commandement de l'émir des mamelouks, Fakhr-Eddin, qui joignait au plus brillant courage une savante et profonde expérience de la guerre.

L'armée chrétienne, en quittant Damiette, y avait laissé la reine Marguerite et les autres dames, sous la garde d'une forte garnison de laquelle Raymond faisait partie; puis, comme nous l'avons dit, elle s'était mise en marche afin de joindre les infidèles et de leur livrer une bataille décisive. Mais ceux-ci comptaient désormais dans leurs rangs une foule innombrable de fantassins et de cavaliers, et s'étaient, en outre, couverts de toute la largeur du Nil, à une époque de l'année où ce fleuve est au plus fort de sa crue. Mamelouks, Turks, Arabes et

Bédouins, les uns parés d'éblouissantes armures, les autres demi-nus et portant seulement le simple burnous de laine, défiaient donc impunément nos soldats, obligés d'entreprendre les travaux les plus pénibles sous les machines de guerre de l'ennemi.

Il y avait environ six semaines que les deux armées étaient en présence, lorsqu'un soir du mois de décembre, une centaine de Bédouins, montés à poil sur leurs coursiers numides qui jetaient du feu par les naseaux, sortirent en silence du camp des infidèles. A leur tête caracolait sur un noir étalon un homme au teint bronzé et dont le regard était aussi rapide que féroce. Ce cavalier, nommé Roboam, passait à juste titre pour le plus téméraire pillard d'entre les Sarrasins, et il allait mettre à exécution une pensée audacieuse qu'il avait eue la nuit précédente, et qui était de pénétrer dans Damiette par surprise, afin de s'emparer des richesses immenses que les croisés avaient infailliblement dû laisser dans cette ville. Les Bédouins, armés de lances et de flèches, s'élancèrent donc avec rapidité sur les traces de leur sombre commandant, et s'enveloppèrent bientôt du large tourbillon de poussière qui s'éleva sous les pas de leurs cavales impétueuses.

Quelques heures après, un bruit effroyable réveillait dans le palais de Damiette la reine de France et ses dames d'honneur. Roboam et les siens, ayant pénétré dans la place par une issue mal gardée, s'étaient glissés comme des fantômes à travers les rues, se dirigeant vers la demeure royale où ils pensaient avec raison que devait être amoncelée la plus grande quantité de butin. Assaillies à l'improviste, les sentinelles chrétiennes avaient été égorgées sans avoir le temps de pousser un cri, et les Bédouins s'étaient précipités dans le château, faisant main basse sur tout ce qui se trouvait à leur portée. Le carnage fut horrible, et bientôt les infidèles touchèrent à la chambre de la reine, où s'étaient réunies toutes les dames éveillées en sursaut et défaillantes de terreur. Un dernier groupe de défenseurs barrait le seuil de cette chambre : les Sarrasins se ruèrent sur lui, le damas et le yatagan au poing. Les Français furent exterminés, la bande meurtrière passa outre... Cependant, la reine et ses compagnes. avaient eu le temps de fuir par une porte opposée. Un cri de rage s'échappa de la poitrine de Roboam qui, couvert de sang, pénétra le premier dans la chambre vide ; puis il s'élança sur les pas des fugitives, en stimulant ses sauvages satellites par l'appât de s'emparer d'une tête couronnée. mais quelque diligence qu'ils fissent, ils ne purent saisir qu'une malheureuse femme, qui, dans sa fuite, était tombée sur le sol. et ils durent reculer brusquement devant un formidable renfort qui arrivait au secours de la reine, sous la conduite du comte Raymond.

Les Bédouins remontèrent donc à la hâte sur leurs coursiers rapides, emportant, comme trophées, l'infortunée chrétienne évanouie et les vases sacrés d'une chapelle qu'ils avaient dévalisée.

Ayant appris qu'une femme avait été enlevée par l'ennemi, et que cette femme n'était autre qu'Angèle de Montfort, Raymond avait aussitôt réuni quelques cavaliers, une vingtaine environ, et s'était mis à la poursuite des fuyards. Il les entendit galoper au loin ; mais, bien que les Français eussent l'avantage de monter des chevaux frais, il leur était difficile d'abréger la distance qui les séparait des ravisseurs, à moins que la lassitude ne vint à bout de la vélocité des cavales du désert.

Raymond s'avançait donc tout frémissant d'une fiévreuse impatience, quand tout à coup il n'entendit

plus aucun bruit devant lui. Il craignit un instant
que l'ennemi ne l'eût gagné de vitesse, et, enfonçant
ses éperons dans le ventre de son palefroi, dont l'é-
cume blanchissait le mors, il tira son épée en s'é-
criant : « Chevaliers, chevaliers, les mécréants nous
échappent!... » Mais il avait à peine couru un quart
d'heure ainsi qu'il poussa un cri de joie... Il venait
d'apercevoir les Bédouins descendus de cheval et
postés sur une petite éminence qui dominait la
plaine.

De son côté, Roboam, qui veillait à sa sûreté et
qui d'ailleurs jugeait ses montures assez reposées,
n'eut pas plutôt distingué les panaches des chrétiens
qu'il sauta à cheval avec toute sa troupe, mais il
était trop tard, pour éviter un choc, et bientôt les
Français fondirent sur leurs adversaires avec la fureur aveugle d'un courage longtemps contenu. Raymond, pâle de colère et brandissant sa puissante
épée, courait en avant. Son fidèle écuyer Godefroy
galopait à ses côtés et tous deux devançaient leurs
compagnons d'une centaine de pas. Les Sarrasins
ne résistèrent pas, quelques-uns d'entre eux mor-
dirent la poussière, puis le reste prit la fuite en cri-
blant les croisés d'une grêle de flèches. Au milieu
des fuyards, on distinguait parfaitement Roboam
qui emportait en croupe Angèle évanouie et éche-
velée. « Lâches ! » cria Raymond, et il s'élança avec
une nouvelle ardeur sur les traces des Bédouins.
Les chevaliers s'ébranlèrent à la suite de leur chef ;
mais leurs pesants destriers, tout bardés de fer,
étaient à bout de forces, et le plus grand nombre de
ces nobles animaux, ne pouvant suivre l'élan qui
leur était imprimé, roulèrent haletants sur le sable.
Raymond se trouva donc lancé en avant, accompagné seulement de Godefroy et de six autres paladins.
Les infidèles ne s'en furent pas plutôt aperçus,

qu'ils firent volte-face et entourèrent les chrétien
accablés sous le nombre. Ceux-ci se défendiren
en désespérés et vendirent chèrement leur dé
faite; mais enfin ils tombèrent, et sept têle
s'élevèrent dans les airs, à la pointe des yatagans

En ce moment, les quatorze Français démonté
arrivaient à pied au secours de leurs camarades
Les Sarrasins, fort maltraités d'ailleurs, ne jugèren
pas à propos de résister davantage, et recommencè
rent leur mouvement de retraite en décochant un
nouvelle nuée de traits. Les chrétiens, restés maî
tres du champ de bataille, reconnurent parmi l
corps entassés des musulmans, les sept cadavres de
chevaliers décapités. Seul Raymond avait été épar
gné et fut dégagé du poids de son cheval, qui, blessé
mortellement, s'était abattu sur son maître. L
brave jeune homme était à peine debout, qu'il vou
lut s'élancer encore au secours d'Angèle, et il fal
lut qu'on lui démontrât l'impossibilité d'un plus
grand effort. Alors, il laissa retomber ses bras avec
accablement, et, courbant la tête, « Perdue, perdue,
mon Dieu! » murmura-t-il. Puis il se tut, car un
sanglot terrible lui étreignait la gorge; et alors il
s'assit sur une pierre, se cacha le visage dans ses
deux mains et pleura longtemps.

Les croisés ne le troublèrent point dans sa dou
leur et s'occupèrent de creuser une tombe à ceux
des leurs qui avaient succombé. Ce pieux devoir
accompli, ils songèrent alors seulement à tirer Ray
mond de la torpeur profonde où il était plongé, et
ils reprirent avec lui le chemin de Damiette.

Les Bédouins, pendant ce temps, regagnaient
leur camp au petit trot, certains, désormais, de ne
point être inquiétés. Parfois, Roboam jetait les yeux
sur sa belle captive, qui avait enfin repris ses sens
et qui versait des torrents de larmes. Angèle était

belle et d'une beauté inconnue à l'Orient. D'épais cheveux blonds encadraient son visage d'une ravissante fraîcheur, que rehaussait encore l'éclat de ses grands yeux bleus et humides. Ses vêtements déchirés dans la lutte qu'elle avait d'abord essayé de soutenir contre ses ravisseurs, laissaient voir ses épaules d'une blancheur éblouissante et son sein qu'une poignante émotion soulevait en mouvements inégaux. Bientôt le farouche bandit se sentit pris de l'ardent désir de posséder cette femme, si différente de ses brunes épouses, et, rassemblant ses guerriers nomades autour de lui, il leur proposa de la garder pour la part de pillage qui lui revenait. Mais ceux-ci exigèrent que le butin fût vendu en commun et au profit de tous. On porta donc aux pieds de l'émir Fakhr-Eddin les vases sacrés de la chapelle, la captive éplorée et les têtes sanglantes des chrétiens qui valaient chacune un besant d'or.

L'émir, couché nonchalamment sur un riche tapis d'Asie était entouré de l'élite de ses lieutenants lorsque Angèle lui fut amenée. Les Bédouins avaient entièrement dépouillé la jeune fille de ses vêtements, afin qu'elle apparût dans tout l'éclat de sa beauté aux regards du capitaine ottoman. Celui-ci fut, en effet, frappé du trésor de grâce et de jeunesse qu'on étalait sous ses yeux et devint éperdument épris de l'infortunée chrétienne. Angèle, rouge de confusion et tremblant de tous ses membres, s'agenouilla vainement aux pieds du Sarrasin afin d'implorer sa clémence, rien ne put fléchir l'inexorable pacha qui, après avoir largement payé les cupides Bédouins, commanda que sa nouvelle esclave fût conduite dans son harem.

Ce harem était resté un peu en arrière du camp, dans la ville de Mansourah, et ce fut Roboam qui reçut la mission d'y transporter la captive. On rendit à celle-ci ses vêtements, puis on la remit en croupe du chef, et une dizaine de Bédouins environ lui servirent d'escorte. Le soleil tombait à l'horizon, bientôt une nuit profonde, toute chargée d'orage, recouvrit la terre et un vent violent souleva des tourbillons de sable jusqu'aux cieux. Roboam songea de nouveau à s'approprier la jeune chrétienne et à fuir avec elle dans les profondeurs du désert. Mais il avait à compter avec ses compagnons, et il était probable que ceux-ci seraient peu tentés de laisser s'accomplir un rapt qui leur coûterait la tête à tous. Roboam dut donc, pour la seconde fois, renoncer à ses désirs et, malgré la nuit tempétueuse qui se préparait, il s'apprêta à remplir fidèlement la mission qui lui était confiée. Sur son ordre, les Bédouins quittèrent le camp et prirent la route de Mansourah; mais il y avait une heure à peine qu'ils cheminaient en silence, lorsqu'ils entendirent le galop d'une troupe de cavaliers retentir sur le côté de la route. Dans l'impossibilité où ils étaient de savoir si cette troupe était amie ou ennemie, car les ténèbres ne permettaient de se distinguer que de très-près, les Sarrasins se mirent en défense; mais les cavaliers inconnus fondirent sur eux avec une rapidité foudroyante; la résistance fut impossible. Plusieurs d'entre les Bédouins tombèrent percés de coups, le reste prit la fuite du côté du camp. Un seul gagna la plaine, se félicitant tout bas d'un événement incompréhensible pour lui, il est vrai, mais qui n'en semblait pas moins appelé à servir ses secrètes espérances. C'était Roboam. Couché sur le cou de son cheval, il mettait en sang le ventre de la pauvre bête, à qui la douleur donnait des ailes. Cependant, quelle que fût la vitesse que sa monture déployât, l'aventurier entendait courir à sa suite un étalon non moins rapide, et qui se rapprochait insensiblement de lui. Une lutte de vitesse s'engagea entre les deux cavaliers. Enfin les coursiers se suivirent de si près, que les naseaux du second touchaient la croupe du premier. Deux secondes plus tard, une main nerveuse saisissait Roboam par la barbe, l'éclair d'un glaive jaillissait dans la nuit profonde, et le corps du Bédouin s'affaissait lourdement sur le sable qu'il empourprait de son sang.

Au bruit de la lutte, la timide Angèle avait fermé les yeux et, depuis ce moment, n'avait osé les rouvrir. Elle sentit seulement qu'on entraînait le cheval qui la portait, que plusieurs personnes caracolaient autour d'elle, puis enfin que tout ce monde s'arrêtait sur un commandement jeté d'une voix accentuée. Au même instant, des bras vigoureux la saisirent et la transportèrent sous une espèce de voûte, après quoi on la déposa sur le sol avec des égards et des précautions infinis. Elle se hasarda alors à regarder autour d'elle, et poussa un cri mêlé d'étonnement et d'effroi. Elle était dans une grotte qu'éclairait funèbrement la lueur de quelques torches ; à ses côtés, plusieurs nègres se tenaient debout, muets et immobiles, tandis qu'à ses pieds, un jeune mamelouk était agenouillé et lui pressait doucement la main.

On conçoit quel dut être le désappointement de la pauvre enfant qui, dans ses conjectures, s'était crue délivrée par des chevaliers chrétiens, par Raymond peut-être et qui se retrouvait de nouveau au pouvoir des infidèles. Cependant, le premier moment passé, elle reporta son regard avec plus de confiance sur le cavalier qui était à genoux et qui lui souriait tendrement.

C'était un jeune homme de vingt-cinq ans à peine et d'une grande beauté. Sa taille haute et bien prise témoignait d'autant de grâce que de vigueur, son visage était mâle, fier et loyal. Il portait le costume habituel des mamelouks, c'est-à-dire un riche turban, et une armure dorée sur laquelle étaient peints des fleurs et des oiseaux. Son regard ne ressemblait en rien au regard féroce de Roboam ni au regard lascif de l'émir ; il paraissait supplier celle sur laquelle il se reposait. Bientôt enfin, sa voix se fit entendre, et une parole suave et douce s'échappant de ses lèvres acheva de rassurer le cœur de la jeune captive.

— Trésor de l'Occident, dit-il, dissipe toute crainte de ton âme, les ennemis ne sont plus, mon glaive en a fait justice, et désormais tu seras heureuse et libre.

— Quoi ! s'écria la belle chrétienne, est-ce donc pour me rendre la liberté que vous m'avez arrachée des mains de mes ravisseurs ? Oh ! généreux guerrier ! seigneur magnanime ! quelle reconnaissance ne dois-je pas à votre conduite chevaleresque !... Mais qui a pu vous intéresser ainsi à mon misérable sort, je ne vous connais pas, je ne vous ai jamais vu ?...

— Je me nomme Abdul, répondit le Sarrasin ; je compte parmi mes ancêtres plus d'un grand homme dont s'honore ma patrie. Je suis né à Stamboul, sur les bords riants de l'Archipel ; je fais partie de cette milice tant vantée qu'on appelle les mamelouks et qui seule, seule balance la haute valeur de vos paladins. Déjà, vingt-cinq printemps ont passé sur ma tête, et cependant je n'ai jamais aimé !...

Ici la voix du noble jeune homme s'éteignit en tremblant et il s'arrêta comme brisé par une émotion intérieure et insurmontable. Toutefois il reprit bientôt avec assez de calme :

— J'étais dans la tente de l'émir quand tu lui

fus présentée par l'audacieux Roboam. Moi seul peut-être, pendant que chacun contemplait tes charmes d'un œil ardent, moi seul, dis-je, je comptais les douleurs qui déchiraient ton âme et faisaient pleurer tes beaux yeux. Puis, un sentiment indéfinissable s'empara de mon cœur, je ressentis une sensation inconnue, bizarre, et dont l'étrange puissance me fit frissonner malgré moi. Je compris que je t'aimais!... Alors, tandis que les serviteurs de l'émir comptaient au chef des Bédouins le salaire de ses infâmes rapines, le prix de ton innocence, de ta jeunesse et de tes charmes, moi, retiré à l'écart, je rêvais aux moyens de te délivrer. Mon parti fut bientôt pris, et je sortis en silence me dirigeant rapidement vers ma demeure de guerre. Là, j'armai mes nègres dévoués et je courus m'embusquer sur la route que devait infailliblement suivre ton escorte. Tu sais le reste : la tête de Roboam a roulé sous le tranchant de mon damas, ses compagnons sont morts ou en fuite, et je t'ai entraînée dans cette grotte où nul ne viendra t'arracher impunément à l'amour d'Abdul le mamelouk!

Une nouvelle pose suivit ce discours, puis, tout à coup, le jeune homme serra plus passionnément la main d'Angèle et y imprima un brûlant baiser.

— Oh! viens! s'écria-t-il; viens, soleil de ma vie! fuyons loin, bien loin de ces lieux maudits; allons goûter le bonheur dans mes jardins enchantés de Stamboul!...

Abdul ne continua pas, car la main d'Angèle s'était doucement soustraite à son étreinte, et la belle captive lui disait :

— Seigneur, rendez-moi à ceux à qui l'on m'a vendue, ou soyez vous-même le maître implacable auquel me livre un destin cruel, car je ne puis répondre aux vœux de votre amour. Je suis chrétienne et fiancée à un chevalier chretien. Rien au monde ne pourra rompre les serments que je lui ai faits; ainsi, je vous le répète, chargez-moi de fers, si tel est votre bon plaisir, mais je le jure, sur le Christ, jamais je ne serai votre amante, et vous n'aurez en moi qu'une esclave que la mort arrachera bientôt au joug honteux que vous aurez fait peser sur elle.

Il y avait tant de conviction et de fermeté dans les paroles de la noble jeune fille, que le Sarrasin ne trouva pas un mot pour insister. Il sentit instinctivement que ni menaces ni caresses ne triompheraient d'un amour si hautement exprimé. Puis Abdul avait une âme généreuse, ouverte à tous les grands sentiments de l'honneur. C'était un véritable chevalier dans l'entière acception du mot, et il était incapable de contraindre en quoi que ce soit celle pour laquelle il eût donné tout son sang sans réclamer rien en échange. Cependant la franche révélation de la chrétienne le troubla. Il fit deux pas en arrière sous le coup d'un désespoir cruel et désormais inguérissable. Un sanglot rauque et déchirant comme en ont ceux qui aiment et qui n'ont plus l'espérance d'être aimés, s'échappa de sa mâle poitrine. Puis ce fut tout : le mamelouk se redressa de toute sa hauteur. Sa voix était calme, son visage, quoique pâle encore, avait repris la loyale sérénité qui lui était habituelle. Il dit à Angèle qu'il en mourrait, mais qu'il allait la reconduire à Damiette auprès de celui qui était déjà son époux devant Dieu. Il ne lui demanda que de se souvenir quelquefois du malheureux jeune homme à qui elle avait brisé le cœur, bien involontairement sans doute, mais néanmoins d'une façon incurable et mortelle. Puis il remonta à cheval et pria la noble damoiselle de le suivre. Le voyage fut silencieux. Angèle remerciait le ciel de sa miraculeuse délivrance et priait longuement pour son libérateur, qui avait su résister à la fougue des passions de son âge, et dont elle appréciait toute la grandeur du sacrifice. Quant à Abdul, il laissait flotter les rênes sur le cou de son coursier et rêvait à ce bonheur qu'il avait entrevu un instant et qui était si prompt à lui échapper. C'est ainsi qu'on arriva à Damiette dans la matinée du lendemain. Angèle ne se sépara pas du Sarrasin sans une vive émotion, car, selon toute probabilité, elle ne devait plus revoir ce guerrier aussi généreux que brave pour lequel elle professait la plus sincère reconnaissance. Enfin, elle rentra dans la ville, où son retour fut considéré comme un prodige. Mais c'est en vain qu'elle chercha Raymond parmi les chevaliers accourus à sa rencontre. Raymond, désespéré de n'avoir pu la sauver des mains des infidèles et la croyant à jamais perdue pour lui, avait rejoint le roi saint Louis en jurant de se faire tuer à la première affaire.

Suivons maintenant Abdul qui s'éloigne, triste et sombre, des murs de Damiette et retourne lentement au camp de l'émir. Ses yeux sont mouillés de larmes, sa tête est mélancoliquement penchée sur sa poitrine. Mais, après quelques lieues de marche, on lui apprend que les chrétiens ont attaqué les Sarrasins avec fureur et qu'on se bat depuis le matin. Aussitôt une vive allégresse s'empare du jeune homme, il presse vivement son cheval et s'élance en avant.

En effet, les croisés, ayant découvert un gué, avaient franchi le cours d'eau qui les séparait de l'ennemi. Leur avant-garde, où brillait l'élite des chevaliers français et dans les rangs de laquelle combattait Raymond, s'était ruée impétueusement sur le camp des Turks sans attendre l'arrivée du gros de l'armée chrétienne. L'émir Fakr-Eddin avait été tué au sortir du bain, puis les escadrons du Christ, dépassant le camp, avaient poursuivi les fuyards jusqu'à Mansourah ; mais là, ils avaient trouvé les rues étroites de la ville fermées par des barricades et les infidèles ralliés autour du chef des mamelouks, Bibars-el-Bondokdari. C'est en ce moment qu'Abdul rejoignit les siens. Le jeune homme poussa aussitôt son cheval dans la mêlée avec une énergie froide et la résolution, non de vaincre, mais de mourir. Le combat fut épouvantable et digne des temps homériques. Mais, entourés par d'innombrables escadrons, les chrétiens furent écrasés et plus de huit cents des leurs restèrent sur le champ de bataille. Par un singulier hasard, Abdul et Raymond s'étaient trouvés lancés l'un contre l'autre, et, sans se connaître, s'étaient livré un duel acharné. Quand on releva les morts, on trouva les deux jeunes gens sous le même monceau de cadavres. Également forts, également braves, ils n'avaient pu triompher l'un de l'autre et s'étaient entre-tués.

Quant à Angèle, à son retour en France elle entra dans un monastère, où elle finit ses jours saintement quelques années plus tard.

FIN.

Paris. — Imp. de Pommeret et Moreau, 42, rue Mignon.

HISTOIRE DES MALHEURS

D'ADÉLAÏDE

FILLE DE TIBOUR, ROI DE GALICE,

ET DE FERDINAND

FILS D'EBROÏN, ROI DE NEUSTRIE,

OU LES TROIS ANNEAUX.

Dans une partie de la Neustrie, régnait un roi nommé Ebroïn. Il était au moment d'armer chevalier son fils, le prince Ferdinand. C'était dans une vaste plaine que la cérémonie devait se faire, afin que tout le peuple pût en être témoin, et le père et le fils devaient, suivant les statuts de la chevalerie, passer la nuit précédente dans un temple et y faire la veillée des armes. Un jeune varlet (1), brûlait du désir d'être armé chevalier, mais, soit fantaisie, soit motif sérieux, il voulait être reçu par quelqu'un qui ne le connût pas. Pour arriver à son but, il courait le monde au hasard, et attendait un événement favorable à ses vues. La fortune qui le favorisait sans doute, le conduisit au même temple où le roi et son fils devaient passer la nuit, un moment avant qu'ils s'y rendissent ; il s'y plaça sans être aperçu, et, ayant entendu leur projet pour le lendemain, il se flatta que le sien aurait aussi sa pleine réussite. Lorsque le moment fut venu de se

---

(1) On sait que c'était la qualification donnée à ceux qui aspiraient à l'ordre de chevalerie et qui ne l'avaient pas encore reçu.

rendre à la plaine, il les suivit, et se trouva au lieu de la cérémonie sans que personne l'eût remarqué. Pendant les premiers préparatifs, il joignit un compagnon de voyage qui le cherchait lui-même, inquiet de ne l'avoir point vu depuis près de vingt-quatre heures ; il lui dit d'amener et de tenir leurs chevaux prêts , derrière un buisson fort épais, au-devant duquel était dressée la tente du roi, de s'y tenir lui-même et de l'y attendre.

La cérémonie commença , et notre jeune varlet s'approcha du fils du roi le plus qu'il lui fut possible. Au moment où le monarque allait donner l'accolade au prince Ferdinand, le varlet se glisse avec vivacité entre l'épée du roi et son fils, renverse celui-ci , reçoit l'accolade de l'autre et escroque ainsi l'ordre de chevalerie. A ce mouvement inattendu, tout le monde reste interdit , mais notre inconnu s'élance avec la même vitesse derrière le buisson, saute légèrement sur son cheval et s'enfuit avec tant de rapidité, que l'œil pouvait à peine le suivre. Tout ce qu'il fut possible de remarquer, c'est que son armure était noire depuis les éperons jusqu'au cimier du casque.

Le roi Ebroïn fut très-piqué de voir qu'un simple cavalier inconnu avait eu l'audace d'escamoter l'accolade qu'il voulait donner à son fils; il s'empressa de lui en donner bien vite une autre, et lui ordonna de commencer ses faits d'armes par courir après cet inconnu, l'atteindre en quelque lieu que ce soit, et lui faire déclarer de vive force son nom, son pays et qui il pouvait être. Le prince fit bien du chemin avant de rencontrer aucune trace de ce subtil adversaire. Mais enfin il le trouva. L'explication ne fut pas longue. Le fils du roi lui demanda son nom et qui il était, l'autre lui répondit par un refus formel ; il fallut donc combattre, et l'on combattit. L'ardeur, l'adresse et la valeur étant à peu près égales, il furent longtemps aux prises. Le soleil avait déjà fait les trois quarts de son cours que nos braves, tantôt attaquant, tantôt repoussant les attaques, ne faisaient encore pencher d'aucun côté la victoire, lorsqu'un chevalier, qu'ils ne connaissaient ni l'un ni l'autre, les sépara et les engagea à se donner rendez-vous à quinze jours de là, à Rennes, où le roi de Bretagne devait tenir sa cour plénière. Ils en convinrent et se séparèrent ; mais le prince Ferdinand, impatient de se rendre à l'endroit désigné, partit de suite en grande diligence et y arriva quelques jours après.

Adélaïde, fille de Tibour, roi de Galice, d'une rare beauté, et dont la modestie surpassait encore la grâce, devait faire les honneurs de la fête. Les hauts-barons et les grands seigneurs de Bretagne se rendirent à Rennes. Les chevaliers chargés de l'éducation des jeunes Galiciens s'y trouvèrent avec eux. Ferdinand, en arrivant à Rennes, réunit tous les suffrages : jamais un damoisel n'avait paru plus beau, d'un plus noble maintien et n'avait usé de plus de courtoisie envers les dames. La belle Adélaïde en fut frappée, ne put le voir avec indifférence, et l'amour qui voulait qu'ils brûlassent d'un même feu l'un et l'autre, avait rempli, dès le premier instant, le cœur du prince Ferdinand des sentiments les plus tendres et les plus respectueux.

Pendant les fêtes, les chevaliers et les dames se voyaient tous les jours avec plus de liberté : nos amants y trouvèrent l'avantage de s'avouer leur mutuelle ardeur. Un jour que Ferdinand avait conduit la princesse jusqu'à son appartement, « elle le « print par la main, et le cuida faire seoir emprès

« elle, sur un carreau. — Madame, dit le jouven-
« ceau, ne est pas raison de me seoir emprès votre
« votre siége. — Pourquoi, reprint Adélaïde, n'ê-
« tes-vous pas fils de roi , comme je suis? — A
« doncques, grande différence cy git ; car êtes-vous
« issue d'un roi puissant et séant sur son trône, et
« moi d'un roi déshérité et si n'ai rien, fors que les
« bienfaits de monseigneur votre père. —Que fait,
« dit Adélaïde? Ores veye-je parce que vallez et
« que aurez autant de biens et honneurs qu'onc-
« ques votre père en eut, et priez Dieu qui vous
« les octroye. »

Ferdinand , enchanté de cette bienveillance , osa
supplier Adélaïde d'agréer ses services et de per-
mettre qu'il lui consacrât sa vie dès qu'il aurait ob-
tenu vengeance du chevalier inconnu. La princesse
y consentit ; alors leur conversation s'anima. Leurs
yeux parlèrent, leurs cœurs s'émurent, et, tout en
croyant se cacher, du moins une partie de ce qu'ils
ressentaient l'un pour l'autre , ils prononcèrent à
l'unisson, et involontairement *je vous aime*. Ferdinand fut au comble de la joie et Adélaïde, sans trop
marquer la sienne, permit au prince de se dire hautement son chevalier. Pour sceller ce précieux accord, elle accepta une bague qu'elle lui promit de
ne se laisser enlever qu'avec la vie.

L'exiguïté de notre publication ne nous permet
pas de raconter les amours de nos héros, nous nous
contenterons sommairement de dire que Ferdinand vainquit son adversaire en champ clos et le
força à déclarer qu'il se nommait Charles , fils du
connétable du Guennelet. Il s'acquit une telle
renommée que le roi de Galice n'hésita pas de
lui accorder la main d'Adélaïde. Les premières
années de cette union furent consacrées tout à

la tendresse et aux plus heureux accords. Le caractère de Ferdinand avait quelque chose de sombre et de sévère, mais n'en était pas moins aimant pour cela. Un fils vint resserrer les nœuds qui les unissaient et Dieu semblait leur promettre d'heureux jours. Lorsque le salut de la patrie appela toute la noblesse française aux armes pour repousser les Sarrazins, Ferdinand s'arracha tristement des bras de sa chère Adélaïde, et, lui remettant au doigt deux nouveaux anneaux comme gage de sa foi, il l'embrassa tendrement, et, sautant en selle, il courut rejoindre les principaux chefs de la noblésse française.

La victoire fut tout à la gloire de nos armes, et les vainqueurs revinrent à Rennes précédés de la renommée qui y avait porté le bruit de leur triomphe. Adélaïde portait dans son sein un second gage de l'amour de Ferdinand : aussi combien lui était-il cruel d'en être si longtemps séparée.

Le comte Charles, dont nous connaissons enfin le nom, qu'il avait dû avouer à son vainqueur, en avait toujours gardé un vif ressentiment, « moult « subtil parleur et plein d'envie et de flatterie, » jaloux des louanges et des honneurs qu'on accordait à son prince, et peut-être amoureux lui-même de la belle Adélaïde, entreprit de brouiller cette heureuse union. Pour y parvenir sans qu'on pût le soupçonner, il s'attacha à une demoiselle de la suite d'Adélaïde, lui vanta les charmes de sa maîtresse et plaignit celle-ci d'avoir accordé sa main à Ferdinand, qui recherchait, dit-il, vivement les faveurs d'une jeune beauté qu'il nomma, et, ajoutant mille circonstances à cette fable cruelle, il lui donna un air de vérité dont il était difficile de ne pas être pénétré.

Demander le secret, en pareil cas, c'est inviter à le trahir. A peine Charles se fut-il retiré, que la demoiselle alla rendre compte à Adélaïde de ce qu'elle venait d'apprendre. La princesse, trop fière et trop courroucée, ne voulut point s'abaisser à une explication ; mais, dès que parut Charles qui, depuis quelque temps, lui avait avoué ressentir pour elle un amour criminel, elle le traita avec mépris et ne voulut ni l'écouter ni lui répondre.

Charles, au désespoir du peu de succès de ses tentatives, conçut le dessein de s'en venger ; il fit aussitôt fabriquer par un habile joaillier trois anneaux semblables à ceux qu'Adélaïde portait constamment à la main ; puis, résolu de la perdre dans l'esprit de son époux, il part avec deux écuyers et arrive à Rennes. Ferdinand y jouissait de tous les honneurs et de la considération que lui avaient méritée son courage et ses nobles qualités. A peine eut-il vu Charles, que, sachant qu'il devait avoir quitté depuis peu de jours l'heureuse ville qui possédait son Adélaïde, l'aborda et s'informa de la noble princesse. De même que Golo, assurant à Sigefroy que son épouse est coupable, le traître Charles, non content d'assurer Ferdinand qu'Adélaïde est adultère, lui montra les trois faux anneaux qu'il portait et qu'il assurait avoir reçus comme doux souvenir de cette dernière. Dire ce qui se passa dans l'esprit du prince en entendant ces mots, et surtout en présence de ce qu'il croyait des preuves accusatrices, est impossible, il fit reculer son coursier de quelques pas, et, se précipitant sur Charles, la lance au poing, il lui porta « un tel coup et si grand « sur le heaume, que il le fist ployer sur l'harçon de « sa selle, tant qu'il fut estourdy ; si ne voulust le « frapper, mais le prinst par les épaules et le tira à

« soy, et le mît devant luy et l'emporta comme un
« loup fait de sa proye. »

« Monstre, dit-il, tu périras ! » Puis, lançant son
cheval à toute bride, il disparut comme un éclair.
Charles, revenant un peu à lui, essaya de se défaire
des étreintes de Ferdinand ; mais celui-ci, lui arra-
chant les terribles anneaux, lui passe son épée au
travers du corps et le lance à terre.

Adélaïde venait de donner le jour à un nouveau
fruit d'un légitime amour ; ses femmes entouraient
son lit et lui prodiguaient tous les soins d'usage.
Les sabots d'un cheval retentissent dans la cour du
palais ; des pas se font entendre sous les longues
galeries ; la porte de la chambre s'ouvre : c'est Ferdinand ! Un cri de surprise et de joie échappe à
Adélaïde ; elle s'évanouit, tant son état est faible
encore.

Ferdinand, pâle comme un spectre, la fureur dans
l'âme, s'approche du lit de son épouse, lui arrache
de son sein le pauvre petit qui semblait y demander
la vie, l'élève en l'air avec fureur, et, le précipitant
à terre, l'écrase sous son talon.

Adélaïde, qui reprenait ses sens, croit qu'elle est
le jouet d'un songe ; elle n'a pas la force d'articuler
une seule parole ; elle se sent arracher de son lit
par les cheveux ; on l'entraîne, ses membres déli-
cats se déchirent aux dalles et aux marches du palais ; elle reconnaît son époux, ne comprend rien à
sa fureur et lui demande en vain son pardon et la
vie. Ses longs cheveux sont liés à la queue du coursier du prince qui l'entraîne au galop en déchirant
son corps tout le long du chemin ; enfin, la vue du
sang de l'infortunée effraye le cheval de Ferdinand ;
rétif à la voix de son maître, il s'arrête. Adélaïde
respire encore ; d'une voix presque éteinte elle sup-

plie son époux de lui apprendre le motif qui le dirige, s'il n'a pas perdu la raison.

Ferdinand, lui montrant les trois anneaux qu'il tient de l'infâme Charles : — Qu'opposez-vous, dit-il, à de pareilles preuves ? — Merci, mon Dieu ! je meurs contente, dit l'infortunée victime; Ferdinand, l'on t'a dit, je le vois, que je ne t'aimais plus ; que j'avais profané tout à la fois et l'amour et l'hyménée, retire mon gant et reconnais ton malheur. En achevant ces mots, elle expire.

Ferdinand porta les yeux sur cette main ensanglantée : O ciel! son épouse était digne de son amour ; il comprend toute l'horreur du mal qu'il vient de commettre ; il est homicide : sa femme, sa vertueuse Adélaïde, ne l'entend plus ; sa tête se perd : à la rage succède le désespoir. « Non, je ne puis vivre, dit-il; je suis un monstre. Oh! la mort, la mort! Pitié, mon Dieu ! » s'écrie-t-il. Et, en proie à une surexcitation terrible, il se plonge sa dague dans le cœur et tombe mort sur le corps de sa malheureuse et chaste épouse.

COMPLAINTE SUR LES AVENTURES LAMENTABLES

D'Adélaïde et Ferdinand.

Air du *Prélude de Ninon*.

Jadis vers l'antique Neustrie,
Adélaïde et Ferdinand
Payaient à leur chère patrie
Le tribut d'un amour constant.
Ferdinand, héros intrépide,
Se reposait sur des lauriers,
Et sur le sein d'Adélaïde
Complait tous ses exploits guerriers.

Pour gage d'une foi constante,
Dans le temple heureux de l'hymen
Ferdinand donne à son amante
Son cœur, son amour et sa main :
Pour prix de sa fidèle flamme,
Trois anneaux dépose à l'instant
Aux doigts de son aimable femme,
Signe de son amour constant.

Le chaste sein d'Adélaïde
Met au monde un fils, un guerrier ;
Ferdinand veut être son guide,
En soldat il veut l'élever.
Enfant d'un héros plein de gloire,
Il sera lui-même un héros ;
Comme les guerriers de mémoire,
Il grandira sous les drapeaux.

Bientôt Mars fait prendre les armes,
Ferdinand s'arrache des bras
De son épouse tout en larmes
Et de son fils trop jeune, hélas !
« Adieu, lui dit-il, tendre amie,
« Il faut que je vole aux combats ;
« Si le sort termine ma vie,
« Que mon nom survive ici-bas. »

Il part pour commander l'armée,
Tout plein de gloire et de chagrin ;
Adélaïde, abandonnée,
Porte un second fruit de l'hymen.
Un ami cruel et perfide,
Que dis-je ? un traître, un scélérat,
Ose à la belle Adélaïde
Proposer... Dieu ! quel attentat !

« L'amour me consume, m'enflamme,
« Ah ! daignez exaucer mes vœux :
« Oui, je n'ai qu'un cœur et qu'une âme,
« Vous les enchaînez tous les deux.
« Ces anneaux que votre main porte,
« Que je les presse sur mon cœur :
« Vous voyez où l'amour m'emporte,
« Ah ! consentez à mon ardeur ! »

« Est-ce vous, Charles? reprend-elle,
« A quoi donc vous exposez-vous?
« A Ferdinand je suis fidèle;
« Méconnaissez-vous mon époux?
« Votre flamme est bien criminelle;
« Sortez d'ici, vil suborneur!
« Vous me soupçonnez infidèle,
« Fuyez! vous m'êtes en horreur! »

Le méchant Charles, plein de rage,
Médite un projet bien affreux :
« Que la fureur me dédommage,
« Que je les rende malheureux! »
Aussitôt trois anneaux semblables
Le traître fait faire en secret;
De perdre deux époux aimables,
Ce monstre forme le projet.

Il part, puis au champ de la gloire
Il vole trouver Ferdinand;
Bientôt ce fils de la victoire
Embrasse, presse le méchant.
« Comment se porte Adélaïde,
« Et mon fils?... Quoi! tu ne dis rien!
« — Ta femme, hélas! dit le perfide,
« Fait ton malheur avec le sien.

« Vois-tu? ces anneaux sont le gage
« De ma victoire sur son cœur,
« Et de ton épouse si sage
« Je suis l'époux et le vainqueur.
« — Ta hardiesse sera punie, »
Dit le furieux Ferdinand;
« Meurs!... » Alors d'une main hardie,
Sitôt lui plonge un fer tranchant.

Le guerrier, que la jalousie
Agite par mille ressorts,
Monte à cheval plein de furie,
Ne se connaissant plus alors.
Vers ses terres il s'achemine;
Il n'est plus à lui... fatal sort!
Le long du chemin il rumine
Carnage, sang, horreur et mort.

Il arrive, court chez sa femme,
Elle vient de donner le jour
Au fruit d'une sincère flamme
Que couronna le tendre amour.
Il prend, dans sa douleur altière,
Le pauvre petit innocent,
Le précipite avec colère,
Sous ses pieds l'écrase à l'instant.

« Arrête, crie Adélaïde,
« Quoi ! tu massacres ton enfant ? »
Mais, dans sa fureur homicide,
Il ne demande que du sang.
« Femme, dit-il, trop infidèle,
« Viens recevoir ton châtiment,
« La mort, la mort la plus cruelle,
« Oui, va te réduire au néant. »

Du lit il arrache sa femme,
Et dans la cour la traîne, hélas !
« Tu vas périr, dit-il, infâme !
« Viens, viens recevoir le trépas ! »
O comble de la perfidie !
Son épouse, par les cheveux,
Est attachée avec furie
Après un cheval vigoureux.

Sur ce coursier monte lui-même,
Au grand galop le fait courir,
Et dans son désespoir extrême,
La traîne avec rage et plaisir,
La malheureuse Adélaïde
Marque le chemin de son sang,
Et le coursier, quoiqu'intrépide,
Frémit et s'arrête à l'instant.

Il ne reconnaît plus son maître ;
L'horreur de ce spectacle affreux,
Et tout le sang qu'il voit paraître
L'arrêtent et lui troublent les yeux.
Ferdinand, près de sa victime,
Avance : elle respire encore :
« Ah ! dit-elle, quel est mon crime ?
« Que je le sache avant ma mort.

« — Ton crime! oses-tu bien, perfide,
« Le demander à ton époux?
« Ces trois anneaux, Adélaïde,
« Voilà trois témoins contre vous.
« — Ciel, dit-elle, je suis contente,
« Reconnaissez donc votre erreur :
« Regardez, je meurs innocente,
« Pour moi c'est le plus grand bonheur.

« Ah! je suis encor votre femme;
« O mon époux! ôtez mon gant;
« Vous avez douté de ma flamme,
« On vous a trompé, Ferdinand :
« Regardez à mes doigts ce gage,
« Reconnaissez vos vrais anneaux.
« Adieu... je vois l'affreuse image
« Du paisible éternel repos.

« — Tu es morte épouse si sage!
« Non, je ne te survivrai pas;
« O grand Dieu! quel triste assemblage,
« Ah! pour moi quel affreux trépas!
« Adieu, ma trop chère victime;
« Je suis ton époux, ton bourreau;
« Tu ne vis plus, voilà mon crime,
« Je vais te rejoindre au tombeau. »

D'un faux ami voilà l'ouvrage;
Le trop farouche Ferdinand
Prend son épée avec courage,
Se la plonge, hélas! dans le flanc;
Il meurt auprès d'Adélaïde,
Troublé de remords déchirants.
C'est ainsi que cet homicide
Termine ses derniers moments.

FIN.

Paris. — Imp. de Pommeret et Moreau, 42, rue Vavin.